Bucket List für Paare
400 Erlebnisse für eine abwechslungsreiche, entspannte
und glückliche Beziehung
Denise Ni

www.remote-verlag.de

DENISE NI

BUCKET LIST FÜR PAARE

400 ERLEBNISSE
für eine abwechslungsreiche,
entspanne und glückliche
Beziehung

© 2020 Denise Ni

Das Werk ist urheberrechtlich geschützt. Jede Verwertung bedarf der ausschließlichen Zustimmung des Autors. Dies gilt insbesondere für die Vervielfältigung, Verwertung, Übersetzung und die Einspeicherung und Verarbeitung in elektronischen Systemen.

Bibliografische Information der Deutschen Nationalbibliothek

Die Deutsche Nationalbibliothek verzeichnet diese Publikation in der Deutschen Nationalbibliografie; detaillierte bibliografische Daten sind im Internet über http://dnb.dnb.de abrufbar.

Für Fragen und Anregungen:
info@remote-verlag.de

ISBN Print: 978-3-948642-15-0
ISBN Ebook: 978-3-948642-14-3

Originalausgabe
Zweite Auflage 2021
© 2021 by Remote Verlag, ein Imprint der Remote Life LLC, Oakland Park, US

Covergestaltung und Satz: Wolkenart - Marie-Katharina Becker, www.wolkenart.com
Korrektorat: Katrin Gönnewig
Lektorat: Katrin Gönnewig
Redaktion: Nico Hullmann
Bildnachweis: Depositphotos.com

Alle Rechte vorbehalten. Vervielfältigung, auch auszugsweise, nur mit schriftlicher Genehmigung des Verlages.

Abonnieren Sie unseren Newsletter unter: www.remote-verlag.de

Inhaltsverzeichnis

Vorwort 21
   Wer hat dieses Buch geschrieben? 22
   Für wen ist dieses Buch geeignet? 23
   Wobei euch dieses Buch helfen kann und wobei nicht 23
   Als Paar profitieren 24

Was ist überhaupt eine Bucket List? 26

6 Wege, wie euch eine Bucket List bereichern kann 30
   Der eigenen Endlichkeit bewusst werden 30
   Ein Leben ohne Reue führen 31
   Träume bewusst werden 31
   Ziele aufschreiben hilft, die Ziele auch zu erreichen 32
   Leben im Hier und Jetzt 33
   Raus aus der Komfortzone 34

So erstellt ihr eine gemeinsame Bucket List 37
   Brainstorming 38
   Holt euch Inspiration 41
   Häufige Fehler vermeiden 42
   Gestalten der Liste 49

Lasst euch inspirieren – 400 Ideen für eure Bucket List 55
   Kategorien 55
   Bucket-List-No-Gos 59
      1. Ein Dark Dinner besuchen 🍴❤ 59
      2. Eine Alpakawanderung machen 🌳 59
      3. Ein Varieté besuchen 🎭 60
      4. Einen Tag im Wellness-Spa verbringen 🕯 60
      5. Einen romantischen Segeltörn machen 🌳❤☀ 60
      6. Eine Übernachtung in einem Baumhaus 🌳🧳 60
      7. Ein Krimidinner zu Hause veranstalten 🎬 60
      8. Eine Krimidinner-Veranstaltung besuchen 🎭🍴 61

9. Sushi selber machen 61
10. An einer Weinbergwanderung teilnehmen 61
11. Eine Schneeschuhwanderung machen 62
12. Einen Pralinen-Kurs machen 62
13. Wasserski fahren 62
14. Mit zerrissenen Jeans und Blumen im Haar durch San Francisco spazieren 62
15. Einen Tag in einem Thermalbad verbringen ... 63
16. Einen Wildblumenstrauß pflücken 63
17. An einer Weinverkostung teilnehmen 63
18. Einen ganzen Tag mit der Einweg-Kamera dokumentieren 63
19. Gemeinsam eine Personaltrainer-Stunde nehmen ... 63
20. Das Restaurant mit der schlechtesten Tripadvisor-Bewertung in eurer Stadt besuchen ... 64
21. Eine Kanutour machen 64
22. Ein romantisches Candle-Light-Dinner buchen ... 64
23. Wwoofing 64
24. Einen Trampolinpark besuchen 65
25. Eine Reise nach Disneyland 65
26. Houserunning – Eine Hauswand herunterspazieren ... 65
27. Die Schwerkraft beim Bodyflying überwinden .. 67
28. Einen Hochseilgarten besuchen 68
29. Mit einem Oldtimer fahren 68
30. Gemeinsam eine Sprache lernen 68
31. Einen Standard-Tanzkurs besuchen und auf einem Ball tanzen 68
32. Am Strand reiten 68
33. Ins Theater gehen 69
34. An einer Rafting-Tour teilnehmen 69
35. Unterm Mistelzweig küssen 69
36. Kart fahren 69
37. An einen Cocktail-Kurs teilnehmen 69
38. Paintball spielen 69

39. Ins Autokino fahren ♥🎭⏱ 70
40. Mit einem Trabi durch Berlin fahren📷🎭😀 70
41. Gemeinsam die 16 Summits erklimmen ♣🍃📷 70
42. Ein Virtual-Realitiy-Erlebnis buchen♣😀 71
43. Eine Kräuterwanderung machen ♣✏💡 71
44. Stadtführung oder -rundfahrt in der
    eigenen Stadt machen😀📷 71
45. Eine Schlittenhundefahrt machen♣❄ 72
46. Euch vor dem Taj Mahal ewige Liebe schwören📷♥ 72
47. Erdbeeren pflücken ♣✏⏱💶❀ .72
48. Auf einem Reifen durch wilde Gewässer sausen 💦♣🍃 . 72
49. Eine Quadtour machen😀 73
50. Einen Tauchkurs machen ♣🍃💡 73
51. Gemeinsam aus einem Labyrinth finden ♣😀💶⏱ 73
52. Einen Salsa-Kurs belegen ♥🍃💡 73
53. Einen Heimwerker-Kurs belegen ✏💡💶 74
54. Einen Aktivurlaub machen 📷🍃♣ 74
55. Gemeinsam eine Reise auf Instagram faken 😀 74
56. Eine Sommerrodelbahn heruntersausen 💦☀ 74
57. Das Ballett „Der Nussknacker" besuchen🎭❄ 74
58. Einen Tandem-Bungeesprung wagen 💦 75
59. Unter Wasser küssen und davon ein
    Foto machen ♥⏱😀 75
60. Beim Floating entspannen 🕯 75
61. Für eine Realityshow bewerben 😀💶 75
62. Ins Planetarium gehen♥💡 75
63. Eine Fahrradtour mit anschließendem
    Picknick unternehmen♣🍃💶⏱ 76
64. Einen Backpacking-Trip machen📷 76
65. Einen Wellness-Tag zu Hause machen 🕯⏱💶 76
66. Moonlight-Minigolf spielen😀 76
67. Fotos in einer Fotokabine machen 😀💶⏱ 76
68. Ein Kräuterbeet anlegen ♣✏ 76
69. Dart spielen 😀⏱💶 77

70. Ein Partner-Horoskop erstellen lassen😃❤ 77
71. Töpfern🖌 77
72. Eis selber herstellen🖌⏱🔲☀ 77
73. In einem Strandkorb schlafen♣❤☀ 78
74. Ein Open-Air-Kino besuchen 🎭 🔲 78
75. Ein Bootcamp überstehen💪 78
76. Eine Schlauchboot-Tour machen💪♣ 78
77. Ein 3D-Fotoshooting machen😃 79
78. Mit einem Schneemobil fahren❄♣🌿 79
79. An einem Erotic-Food-Kochkurs teilnehmen🖌❤ 80
80. Beim Pub-Quiz gewinnen🔲 😃 80
81. Ein Schwimmabzeichen machen💪😃 80
82. Dem anderen ein Kleidungsstück
    stricken (oder häkeln) 🖌 81
83. Ein Whisky-Tasting besuchen🖌 81
84. In einem Schloss übernachten📷 81
85. An einem Ritteressen teilnehmen🖌😃 81
86. Einen Nachmittag im Hamam verbringen 🕯❤ 82
87. Wurst selber herstellen🖌 82
88. Auf einem Kinderspielplatz toben😃 82
89. Eisbaden♣😃🔲❄ 82
90. Mit einer Draisine fahren💪♣ 83
91. Hand in Hand Schlittschuhlaufen💪❄🔲 83
92. Eine Kunstausstellung besuchen 🎭 😃 83
93. Auf einen Maskenball gehen😃 83
94. Ein eigenes Cocktail-Rezept kreieren🖌😃⏱ 84
95. Pub-Crawl🖌😃 84
96. Einen Kürbis schnitzen⏱😃❉ 84
97. Ins Musical gehen 🎭 84
98. Ein Paar-Fotoshooting machen❤ 85
99. Einen Bildhauerei-Kurs besuchen 🖌 85
100. In eine Skihalle gehen💪 85
101. Mit einem Elektroauto fahren😃 85

102. Im Winter eine romantische Berghütte mieten 85
103. Mit einem Katamaran segeln 85
104. Im warmen Sommerregen tanzen 86
105. Aus einem Escape-Room entfliehen 86
106. An einer Brauereiführung teilnehmen 86
107. Ein Dinner in the sky besuchen 86
108. Zorbing 87
109. Einen Grillkurs belegen 87
110. Eine Travestie-Show besuchen 87
111. Eine Fahrt mit einem Heißluftballon 87
112. Stand-up-Paddling ausprobieren 90
113. Ein Gin-Tasting besuchen 90
114. Gleitschirm fliegen 90
115. Die Einsamkeit am abgelegensten Ort der Welt genießen 90
116. Einen Hubschrauber-Rundflug machen 91
117. Auf ein Musik-Festival gehen, auf das ihr eigentlich nie gehen würdet 91
118. An einer Quiz-Show teilnehmen 91
119. Mit einem Geländewagen offroad fahren 91
120. Eine Segway-Tour machen 91
121. Auf Bernstein-Jagd gehen 92
122. Eine Vernissage besuchen 92
123. An einem Heinz-Erhardt-Dinner teilnehmen 92
124. Bei einem Tough Mudder mitmachen 92
125. Surfen lernen 92
126. Auf eine Rollschuhparty gehen 93
127. In einem Bergwerk dinieren 93
128. In einem Weinfass übernachten 93
129. Gemeinsam das Video eines Fitness-YouTubers nachturnen 94
130. Ein Wochenende im Tropical Island verbringen 94
131. Eine Bootstour auf dem Eibsee 94

132. Mit einem Rennwagen fahren 94
133. Besucht die Palmeninsel in Dubai 95
134. Lasertag spielen 95
135. Das Oktoberfest in München besuchen 95
136. Im Wald geocachen 95
137. Einen Stratosphären-Flug machen 96
138. Pokern lernen 96
139. Draußen übernachten (ohne Zelt) 96
140. Eine Höhle besichtigen 96
141. Klettern 97
142. In einem VW-Bulli übernachten 97
143. An einer Teezeremonie teilnehmen 97
144. Ein Survivaltraining machen 97
145. Mit Eseln wandern 98
146. Den Hamburger Dom besuchen 98
147. Ein Schießtraining machen 98
148. Eine Esoterikmesse besuchen 98
149. Zweisamkeit auf einer Trauminsel mit Wasserbungalow genießen 98
150. Ein Jazzkonzert besuchen 99
151. Die Drehorte der Lieblingsserie besuchen .. 99
152. Ein Kreuzworträtsel aus der Zeitung lösen und an dem Gewinnspiel teilnehmen 99
153. Eine Nacht im Museum verbringen 99
154. Bogenschießen 99
155. Einen Golf-Schnupperkurs besuchen 100
156. Ein Wochenende in einem Romantik-Hotel verbringen 100
157. Einen Massagekurs belegen 100
158. An einem Malkurs teilnehmen 100
159. Die arktische Wildnis in Spitzbergen erkunden .. 100
160. Die Kunst des Goldschmiedens erlernen 101
161. Kitesurfen 101
162. Drachen steigen lassen 101

163. Eine Schienenkreuzfahrt machen 📷 101
164. Einen Spinning-Kurs besuchen 💪 102
165. Ort der Kindheit besuchen ♥ (💶, 📷) 102
166. Gemeinsam einen Baum pflanzen und
wachsen sehen ♣♥ 💶 ⏱ 102
167. Auf einem Tandem fahren ♣⏱ 💶 102
168. In einer Karaoke-Bar singen 😀 💶 103
169. Nach New York reisen 📷 103
170. Ein Eishockey-Spiel besuchen ✈😀 103
171. Nach Helgoland reisen 📷 103
172. Einen Akt-Malereikurs besuchen ✏😀 103
173. Neujahrsschwimmen – sich in die eiskalten
Fluten stürzen 😀♣✈ 104
174. An einem Meditationsworkshop teilnehmen 🕯 104
175. Einen Poetryslam besuchen 🎭 104
176. Im Meer küssen ♣♥💶 104
177. Ein Casino besuchen 😀⏱ 104
178. Ein Wochenende beim Glamping verbringen 📷♣ ... 105
179. Kuriose Eissorten probieren 😀 💶 ✏ ❀ ☀ 105
180. Erste Klasse Bahn fahren 📷 105
181. Einen YouTube-Channel starten ✏😀 💶 105
182. Einen Blog starten ✏😀 💶 105
183. Silvester im Ausland feiern 📷♥❄ 106
184. In die Oper gehen 🎭 106
185. Einem Krampuslauf beiwohnen 📷 😀 106
186. Blindbooking ausprobieren 📷 😀 106
187. Ein Lebkuchenhaus backen ✏ 💶 ❄ 107
188. Auf dem Wochenmarkt einkaufen ✏ 💶 ⏱ 107
189. Vögel beobachten ♣ 💶 107
190. Twister spielen 💶 😀 107
191. Den Sommer in einer einsamen Hütte in
Schweden verbringen 📷♣♥☀ 108

192. Für einen 5-Kilometer-Lauf trainieren
(10 km, Halbmarathon, Marathon) 💪 108
193. Auf ein Doppel-Date mit einem anderen
Paar gehen ♥☻ 108
194. Den Sonnenaufgang und -untergang am
selben Tag beobachten♣♥ 108
195. Einen FKK-Strand besuchen ♣☻☀ 109
196. Einen Boxkampf live sehen♣☻ 109
197. Im Park Boccia spielen ♣ 💶 ⏱ 109
198. Einen Nachtflohmarkt besuchen☻ 109
199. Squash spielen💪 109
200. Auf ein Holi-Festival gehen☻☀ 110
201. Einen Indoor-Spielplatz besuchen ☻ 111
202. In einem Restaurant mit Michelin-Stern speisen 🍴 112
203. Ein altes Möbelstück aufhübschen☻⏱ 112
204. An einem Poledance-Kurs teilnehmen💪♥ 112
205. Stockbrot machen🍴 💶 112
206. In ein Hochhaus schleichen und versuchen
aufs Dach zu kommen☻♥⏱ 💶 112
207. Ein Partner Tattoo stechen lassen ♥☻ 113
208. Nachts schwimmen gehen☻⏱ 💶 ☀ 113
209. In einem Eishotel übernachten🖼❄ 113
210. Dem anderen ein Gedicht schreiben🍴♥🎭💶⏱ 114
211. Rikscha fahren 114
212. Eine Nacht im Bett die Seiten tauschen☻ 💶 ⏱ 114
213. Initialen in den Sand schreiben ♥ 💶 114
214. Frische Pasta selber machen🍴 💶 ⏱ 114
215. Bullshit-Bingo spielen☻ 💶 114
216. Blut spenden🩸 💶 ⏱ 115
217. An einer Fundsachenversteigerung teilnehmen ☻ 💶 ..115
218. Elbe Radweg „Straße der Romantik" 🖼💪♣ 115
219. Ritter Festspiele besuchen☻ 116
220. Mit einem E-Scooter fahren ☻ 💶 116
221. In einem Luftschiff fliegen ✈ 116

222. Eure Initialen/Namen in nassen Beton schreiben😊 📷 ♥ 116
223. Ein Möbelstück selber bauen 🖌 116
224. Die Rocky Horror Show besuchen 🎭 117
225. Molekulare Küche probieren 🍴 117
226. Gegenseitig ein Waxing machen😊 📷 ⏱ 117
227. Eine Dschungeltour machen📷🌳 118
228. Couchsurfen in einer fremden Stadt📷😊 118
229. Einen Couchsurfer bei euch aufnehmen😊 118
230. Spontan zum Flughafen fahren und den nächsten Flieger zum Strand nehmen📷😊 118
231. Wahrheit oder Pflicht spielen😊 📷 ⏱ 118
232. Guerilla Gardening🌳 📷 🌱⏱ 119
233. Eine Sandburg bauen🌳 📷 119
234. Einen Roadtrip in den USA machen📷 119
235. Bei einem Color Run mitmachen💚😊 119
236. Für vier Wochen vegetarisch (oder vegan) leben🍴🌿 . 120
237. Auf einen Baum klettern🌳 📷 ⏱😊 120
238. Zusammen einen Mammutbaum umarmen🌳 📷 ⏱😊 120
239. Das erste Date wiederholen♥ 120
240. Ein Puzzle vollenden (mind. 1000 Teile) 📷 ⏱ ... 121
241. Unterm Sternenhimmel küssen♥📷 121
242. Eine Drohne steigen lassen😊 121
243. An einem Gruseldinner teilnehmen🍴 121
244. Einen vermüllten Ort aufräumen 🌳📷🌱⏱ 122
245. Eine Zigarre rauchen😊 122
246. Einen Tag im Partnerlook rumlaufen😊 📷 ⏱ 122
247. Auf einem mechanischen Bullen reiten😊 122
248. Für den anderen im Restaurant bestellen😊🍴⏱ .. 122
249. Ein Fotoalbum erstellen🖌 📷 ⏱ 123
250. In einer Salzgrotte entspannen ♨ 123
251. Einen Straßenkünstler eine Karikatur von euch zeichnen lassen😊 123
252. Bei einer TV-Show im Publikum sitzen😊 123

253. Trüffel suchen 🧳 😊🌿 123
254. Über heiße Kohlen laufen🔥😊 124
255. Ein Sinfoniekonzert besuchen🎭 124
256. Eine Luxusimmobilie besichtigen😊 124
257. An einem Fotowalk teilnehmen🎭 124
258. Eine CD mit eurer Musik brennen❤ 💶 125
259. Eine Weltkarte mit Pins aufhängen😊 125
260. Mit dem Orient-Express fahren📷 125
261. Einen Klingelstreich machen😊⏱💶 125
262. Origami lernen✏ 💶 ⏱ ❗ 125
263. Ein neues Brettspiel lernen 💶 ⏱ ❗ 126
264. Eine Zeitkapsel erstellen❤😊 💶 126
265. Ein Vogelhaus bauen✏ 126
266. Kochunterricht in einem anderen Land besuchen✏📷 127
267. Tischtennis spielen🌿 💶 ⏱ 127
268. Whale Watching 📷🌳 127
269. Ein anderes Paar verkuppeln ❤😊 127
270. Polarlichter bestaunen 📷🌳❤ 127
271. Einen Stern benennen ❤😊⏱ 128
272. Lotto spielen ⏱😊 128
273. Eine Detox-Kur machen😊 128
274. In einem Tipi übernachten 📷 128
275. Zaubertricks lernen 😊⏱💶 129
276. Ein Wachsmuseum besuchen 📷🎭 129
277. Eine Broadway-Show besuchen 📷🎭 129
278. Mit einem Riesenrad fahren❤🔥 💶 129
279. Mit einem Teleskop die Sterne beobachten😊🌳 129
280. Ein Brot backen✏ 💶 ⏱ 129
281. Aus einer Kokosnuss trinken✏ 💶 130
282. Mit einer Limousine fahren😊 130
283. Mit einer Vespa durch Rom fahren📷😊 130
284. Zusammen den größten Eisbecher auf der Karte bestellen✏ 💶 ⏱ 130

285. Eine Gondelfahrt in Venedig 🧳❤️ 131
286. Mit Fingerfarben malen 🖌️ 🎬 ⏱️😊 131
287. Mit einem Autoscooter fahren😊 131
288. Ein Tropenhaus besuchen 🌳 131
289. Zu einer Wahrsagerin gehen😊 132
290. Eine Safari in Afrika machen🧳🌳 132
291. Die Currywurst mit dem höchsten
     Schärfegrad essen 🖌️😊 132
292. Eine Zumba-Stunde besuchen💋 132
293. Billard spielen😊⏱️🎬 132
294. Schokoladenfondue machen🖌️🎬⏱️ 133
295. Zelten gehen🌳❤️ 133
296. Die Tour de France sehen🧳😊 133
297. Gegenseitig einen Liebesbrief schreiben❤️ 133
298. In einem Bubble-Hotel übernachten🧳😊 134
299. An einem Running Dinner teilnehmen 🖌️😊 134
300. Die Kirschblüte bewundern🌳❤️ 🎬 134
301. In der eigenen Stadt im Hotel übernachten 🧳😊 134
302. Auf dem Eiffelturm küssen🧳❤️ 135
303. Ein Monogramm aus euren
     Anfangsbuchstaben entwerfen (lassen) ❤️ 135
304. In einem Leuchtturm übernachten🧳 135
305. Bei einem Esswettbewerb zuschauen😊 136
306. Imkern🌳💡 136
307. Einen Roadtrip auf der österreichischen
     Romantikstraße 🧳❤️ 136
308. Ein vierblättriges Kleeblatt finden 🌳🎬⏱️ 136
309. Weihnachten im Schnee verbringen🧳❄️ 137
310. Durch einen Wassersprinkler laufen😊 🎬 ⏱️☀️ ... 137
311. Ein Iris-Fotoshooting machen❤️ 137
312. Gebärdensprache lernen 💡🤟🎬 137
313. Ein Liebesschloss anbringen❤️⏱️🎬 138
314. An einer Tupperparty teilnehmen😊 🎬 138

315. Von einer Klippe ins Meer springen 138
316. Gemeinsam ehrenamtlich tätig werden 139
317. Eine Univorlesung besuchen 139
318. Einen Harry Potter-Marathon veranstalten 139
319. Auf einer einsamen Insel übernachten 139
320. Jodeln lernen 140
321. Einander ein Outfit im Second
     Hand Store kaufen 140
322. In einen Kältetank steigen 140
323. Ein ausgefallenes Paar-Kostüm an
     Karneval oder Halloween tragen 140
324. Unter einem Wasserfall küssen 140
325. Gemeinsam ein Business starten 140
326. Random Act Of Kindness 141
327. Im Radio euer Lied wünschen 141
328. Gastgeber einer Mottoparty sein 141
329. An einer Extremwanderung teilnehmen 142
330. Eine gemeinsame Tradition starten 144
331. Einen Wasserpark besuchen 144
332. An einem Speeddating teilnehmen und
     gemeinsam die Veranstaltung verlassen 145
333. Mit einem Tretboot fahren 145
334. Eine Nacht in einem Geisterhotel
     übernachten 145
335. Die Orte von Shakespeares Romeo und
Julia besuchen 146
336. Macarons selber machen 146
337. Eine Kuh melken 146
338. Insekten essen 146
339. Den Indian Summer in Neuengland erleben .. 147
340. Übernachten in einem sleeperoo Cube 147
341. Mit Delfinen in freier Wildbahn schwimmen .. 147
342. Snowboarden 147
343. Blobbing 147

344. An einem Strand mit schwarzem Sand spazieren gehen 148
345. An einem Strand mit rosa Sand spazieren gehen 148
346. Eine Lesung besuchen 148
347. Mit einem Jetski fahren 149
348. Bei einem Line Dance mitmachen 149
349. Den Urlaub in einem Hausboot verbringen 149
350. An einer Scavenger Hunt teilnehmen 150
351. Ein passives Einkommen erwirtschaften 150
352. Beim Room Service bestellen 150
353. Eine private Wellness-Suite buchen 151
354. Ein Kartenhaus bauen 151
355. An einem Yoga-Retreat teilnehmen 151
356. Ein Tennis-Doppel gegen ein anderes Paar gewinnen 151
357. Eine Kampfsportart lernen 151
358. Im Toten Meer baden 152
359. Bodypainting selber machen 152
360. Ein Modellflugzeug zusammenbauen 152
361. Ein paar Monate im Ausland leben 153
362. Schnaps selber brennen 153
363. Social Media Detox 153
364. Einen Lost Place besichtigen 154
365. Cocktails auf Hawaii schlürfen 154
366. Gemeinsam den Super Bowl schauen 154
367. Drei Gänge in drei verschiedenen Restaurants bestellen 155
368. Eine Nachtwanderung durch den Wald machen 155
369. Eine Weltreise planen 155
370. Beim Tai-Chi im Park mitmachen 155
371. Gemeinsam demonstrieren gehen 156
372. Ein Fahrsicherheitstraining absolvieren 156

373. Einen Prominenten treffen😊 💶 156
374. Als Knochenmarkspender registrieren🙇 💶 156
375. Eine Modenschau besuchen 🖋🎭 157
376. Den Jakobsweg wandern📷 🧗 157
377. Ein gemeinsames Kochbuch anlegen🖋 💶 157
378. Einen alten Camper ausbauen📷🖋 157
379. Mundraub🌳 💶 157
380. Einen spontanen Roadtrip starten📷😊⏱ 158
381. Im Bett frühstücken🖋 💶 ⏱ 158
382. Für den anderen einen Lapdance machen ❤⏱💶 158
383. Einen aktiven Vulkan besteigen🧗📷🌳🐓 158
384. Den Papst sprechen hören📷 159
385. Einem Kind eine Chance geben🙇 159
386. An La Tomatina in Spanien teilnehmen📷😊☀ 160
387. An einem Flashmob teilnehmen😊 💶 160
388. Zusammen Dessous shoppen gehen❤ 160
389. Ein großes Familienfest ausrichten😊 160
390. Einen Sumo-Kampf sehen🎭🐓 161
391. Mit einem Metall-Detektor auf Schatzsuche gehen😊 ..161
392. Den großen Preis von Monaco live sehen📷🐓 161
393. Kricket spielen🐓 162
394. Einen DNA-Test machen😊 162
395. Ballon-Tiere machen😊🖋 162
396. 24 Stunden schweigen🧗 162
397. Die Katakomben von Paris besichtigen🧗📷 162
398. Das Schlafzimmer mit Rosenblättern dekorieren❤⏱ . 163
399. Ein skurriles Museum besuchen😊 🎈 163
400. Einem lieben Menschen einen
     Herzenswunsch erfüllen🙇 163

Hürden überwinden und dranbleiben 164
Hürde 1: gemeinsame vs. eigene Bucket List 164
Hürde 2: zu wenig Geld 166
Hürde 3: zu wenig Zeit 170

Hürde 4: zu viel Angst	172
Hürde 5: keine Motivation	175
Hürde 6: einseitiges Bestreben, eine Bucket List zu erstellen	179
Hürde 7: Was denken und sagen die anderen?	181
Hürde 8: zu viel Druck	183

Inspirierende Zitate ... 186

Anfangen	186
Durchhalten	186
Veränderung	187
Angst	187
Minimalismus	188
Erwartungen	188
Reisen	189

Weiterführende Quellen ... 190

Erlebnisanbieter	190
Bucket List online erstellen	191
Reisen	191
Sportliche Events	192
Draußen	193
Ehrenamt & Gute Tat	194
Sonstige Erlebnisse	194

Danksagung ... 198

Vorwort

*„Als Kind ist jeder ein Künstler. Die Schwierigkeit liegt darin,
als Erwachsener einer zu bleiben." (Pablo Picasso)*

Als Kind hatten wir noch viele erste Male. Wer kann sich nicht erinnern, als er (oder sie[1]) Fahrrad fahren gelernt hat, zum ersten Mal allein ins Schwimmbad durfte oder zum ersten Mal ohne Eltern verreist ist? Als Kind hatten wir eine große Neugier und Motivation, Dinge zu hinterfragen und Neues auszuprobieren. Zum ersten Mal ein Buch ganz ohne Hilfe lesen, zum ersten Mal allein mit dem Bus fahren oder ein paar wackelige Schritte auf Stelzen gehen – vielleicht erinnert ihr euch noch, wie lebendig ihr euch dabei gefühlt habt, wenn ihr wieder einen dieser Meilensteine zum Erwachsenwerden abhaken konntet oder zum ersten Mal eine völlig neue Erfahrung gemacht habt. Als erwachsener Mensch sieht es dann oft ganz anders aus. Wir haben unsere Jobs, unsere Hobbys und unsere Gewohnheiten. Etwas Abwechslung bringt vielleicht noch der Jahresurlaub in der Türkei, wo wir dieses Bananabootfahren ausprobieren und die antiken Überreste von Perge bestaunen. Aber sonst spielt sich auch in Partnerschaften oft eine gewisse Routine ein. Wir haben unsere Lieblingslieferdienste, einen Lieblingsitaliener und eine Reihe von Optionen, die für das Wochenende infrage kommen. Aber von Zeit zu Zeit macht sie sich doch bemerkbar – die Sehnsucht, das Leben voll auszukosten, dem Hamsterrad zu entfliehen, die eigene Abenteuerlust wiederzuentdecken, kurzum: Das eigene Leben so zu leben, wie es einen glücklich macht.

Das Tolle: Ihr könnt jederzeit etwas in eurem Leben verändern. An dem tollen Gefühl, das ihr als Kind verspürt habt, hat sich auch Jahre später nichts geändert. Nicht umsonst gibt es zu Themen wie Persönlichkeitsentwicklung, Glück etc. so

---

[1] Aus Gründen der besseren Lesbarkeit wird bei Personenbezeichnungen und personenbezogenen Hauptwörtern in diesem Buch die männliche Form verwendet (z. B. Partner). Entsprechende Begriffe gelten aber grundsätzlich für alle Geschlechter und bedeuten keinesfalls eine Benachteiligung. Die verkürzte Sprachform beinhaltet keine Wertung. Genauso wird in diesem Buch der englischsprachige Begriff Bucket List verwendet. Das deutsche Äquivalent ist die Löffelliste.

viele Bücher wie Gläubige in Mekka. Einen möglichen Weg, für mehr Action in eurem Leben zu sorgen und all eure kleinen und großen Träume, Wünsche und Ziele Realität werden zu lassen, stelle ich euch in diesem Buch vor. Der Begriff Bucket List (alternativ auch Löffelliste) ist euch mit hoher Wahrscheinlichkeit sogar schon bekannt. Vielleicht habt ihr dieses Buch auch genau deswegen gekauft. Auf einer Bucket List steht nämlich schwarz auf weiß all das, was ihr in eurem gemeinsamen Leben erleben oder erreichen möchtet. Eine To-do-Liste fürs Leben sozusagen, und zwar eine sehr persönliche. Denn wie viele und vor allem welche Punkte auf eure Liste kommen, bestimmt ihr. Der Vorteil einer solchen Liste ist, sich seiner Ziele, Wünsche und Träume im Leben zunächst überhaupt erst einmal bewusst zu werden und ihnen anschließend einen höheren Stellenwert im Hier und Jetzt zu geben (hierzu später mehr).

Wer hat dieses Buch geschrieben?

Ich würde kein Buch über das Thema Bucket List schreiben, wenn dieses Thema keine Bedeutung für mich hätte. Meine persönliche Bucket List habe ich im Dezember 2017 gestartet und berichte seitdem auf meinem Blog https://denise-bucketlist.de von einem meinen Erlebnissen. Mit dem Blog habe ich mir gleichzeitig den ersten Punkt auf meiner Bucket List erfüllt. Seitdem sind eine Reihe unvergesslicher Erlebnisse hinzugekommen, von denen ich überzeugt bin, dass ich sie ohne Bucket List nie erlebt hätte oder immer noch davon träumen würde (von einigen berichte ich später im Buch ausführlicher). Ob es allein an der Bucket List liegt, sei dahingestellt. Allerdings haben sich mein Leben und mein ganzes Mindset seit jenem Dezemberabend grundlegend geändert. Ich bin mutiger, gehe meiner Neugierde nach und verfolge Ziele, die mir vor einigen Jahren noch vollkommen unrealistisch erschienen (z. B. ein Buch zu schreiben).

An meiner Seite dabei war immer mein Freund, jetzt Ehemann. Die allermeisten Erlebnisse, die ich mir auf meiner Bucket List notiert habe, haben auch einen Platz auf unserer gemeinsamen Bucket List gefunden, egal ob Heißluftballonflug, eine Wanderung mit Alpakas oder Whale Watching. Ich liebe es jeden Tag aufs Neue, dass es uns bei uns nie langweilig wird. Irgendein Projekt ist immer in Planung und wenn nicht, haben wir endlich mal Zeit unser Fotoalbum zu aktualisieren.

Für wen ist dieses Buch geeignet?

Dieses Buch eignet sich für alle lebenshungrigen Menschen, die endlich ihrer Abenteuerlust und Neugierde nachgehen und ein Leben voll spannender, neuer Erfahrungen und Eindrücke leben wollen. Egal ob allein oder mit Partner. Schwerpunktmäßig richtet sich das Buch allerdings an Paare, die gemeinsam ihren Alltag verändern und mehr erleben möchten. Alter, Geschlecht, Beziehungsdauer und Beziehungsform sind dabei völlig egal. Einzige Bedingung: Ihr seid offen gegenüber Veränderungen und bereit, den ersten Schritt aus der Komfortzone zu tun.

Wobei euch dieses Buch helfen kann und wobei nicht

Dieses Buch ist <u>kein</u> Beziehungsberater. Wenn eure Beziehung im Argen liegt, wendet euch an einen Paartherapeuten, der euch kompetent unterstützen kann. Gegebenenfalls könnt ihr auch Beziehungsratgeber und ähnliche Literatur zurate ziehen. Was dieses Buch aber durchaus sein kann, ist ein Impuls, gemeinsam zu wachsen und euch noch besser kennenzulernen.

Was dieses Buch ebenfalls nicht sein soll, ist eine vorgefertigte Liste an Dingen, die ihr als Paar unbedingt erleben *müsst*. Warum? Bücher und Online-Artikel à la „xy Dinge, die ein Paar erlebt haben muss" haben bei mir immer gemischte Gefühle ausgelöst. Zum einen, weil wir kaum etwas von den absolut notwendigen „Must-do's für Paare" abhaken konnten. Zum anderen, weil mir klar war, dass wir den Großteil der Dinge auch nie machen werden. Sind wir jetzt langweilig oder ist unsere Beziehung ernsthaft gefährdet und zum Scheitern verurteilt? Wohl kaum. Natürlich kann man solche Liste als auch Inspiration sehen, aber das unübersehbare Häkchen hinter all den „xy Dingen, die man als Paar unbedingt erlebt haben muss" ist doch sehr deutlich. Ich kenne euch weder persönlich noch weiß ich, was eure Leidenschaften und Interessen sind und in welchem Lebensabschnitt ihr euch gerade befindet. Mein Ziel ist es vielmehr, dass ihr euch mithilfe meines Buches eure eigene, ganz persönliche Bucket List erstellt. Dies erfordert etwas mehr Einsatz, dafür habt ihr im Ergebnis aber eine Bucket List, die ganz zu euch und euren persönlichen Zielen passt.

Daher werdet ihr in diesem Buch einen vergleichsweise langen Theorieteil finden. Hier erfahrt ihr zunächst, was es mit einer Bucket List überhaupt auf sich hat und wie eine Bucket List euch helfen kann, euer Leben zum Positiven zu verändern. Anschließend geht es ans Eingemachte und ihr lernt, wie ihr Schritt für Schritt, über das erste Brainstorming bis hin zur Gestaltung, eine Bucket List erstellt. Selbstverständlich findet ihr in diesem Buch auch jede Menge Inspiration für eure Bucket List, sortiert nach Kategorien wie Reisen, Natur, Adrenalin oder Wellness und lernt nützliche Tools, Webseiten und Plattformen kennen. Doch damit nicht genug. Listen schreiben kann natürlich jeder. Damit eure Bucket List nicht in der Schublade verkümmert, gebe ich euch meine gesammelten Tipps mit auf den Weg, wie ihr die Dinge, die auf eurer Liste stehen, auch wirklich gemeinsam erlebt – der Weg von der Theorie zur Praxis: angefangen bei Tipps, die euch bei der Erstellung einer Bucket List unterstützen, bis hin zu vermeintlichen Hürden wie kein Geld, keine Motivation, keine Zeit oder gemeinsame vs. eigene Bucket List Ziele.

Als Paar profitieren

Zu guter Letzt profitiert natürlich nicht nur jeder Einzelne von euch, sondern auch ihr als Paar. Wenn ihr euch in Abenteuer stürzt, werdet ihr immer wieder neue Nuancen eures Partners kennenlernen, auch wenn ihr schon seit Jahren oder sogar Jahrzehnten zusammen seid. Ganz ohne irgendwelche Spielchen, bei denen ihr euch gegenseitig Kärtchen mit intimen Fragen vorlesen müsst. Immerhin erlebt ihr mit eurer Bucket List nicht nur völlig unbekannte Situationen, sondern meistert gemeinsam Herausforderungen. Die positiven Gefühle, die ihr habt, wenn ihr eure Komfortzone verlasst, euch einen Traum erfüllt oder etwas völlig Verrücktes zum ersten Mal macht, werdet ihr mit eurem Lieblingsmensch verbinden, der in diesem Moment an eurer Seite war. Diese gemeinsame, positive Erinnerung stärkt euer Zusammengehörigkeitsgefühl. Schließlich ist es ein tolles Gefühl, gemeinsam das Leben in vollen Zügen auszukosten. Hierfür müsst ihr noch nicht einmal alle Erlebnisse miteinander teilen. Im Gegenteil: Mit Sicherheit wird jeder von euch Wünsche haben, die der andere nicht teilt. Nicht alle Aktivitäten werden euch gleichermaßen zusagen. Aber auch diese Tatsache kann euch zugutekommen, wenn ihr akzeptiert, dass ihr nicht in allem Überschneidungspunkte haben werdet. Denn was könnte bitte attraktiver sein, als ein Partner, der unabhängig ist und voller Begeisterung von seinen Hobbys und Erlebnissen schwärmt? Mit eurer Bucket List habt ihr die Chance, gemeinsam zu wachsen und euch ein Leben zu zweit aufzubauen, von dem ihr im Altenheim einmal stolz erzählen werdet. Seid gemeinsam eine Inspiration für eure Kinder, Enkel, Freunde oder sogar völlig fremde Menschen.

Was ist überhaupt eine Bucket List?

Einmal im Leben die Nordlichter sehen, fließend Spanisch sprechen können, ein Buch veröffentlichen oder eigenes Gemüse anbauen? Jeder Mensch hat große und kleine Träume, die er sich in seinem Leben erfüllen möchte. Mit Sicherheit fallen euch spontan auch ein paar Punkte ein, die ihr gerne allein oder mit eurem Partner erleben möchtet. Die meisten von euch haben daher schon eine mentale Bucket List, ohne den Träumen einen formalen Stempel aufgedrückt zu haben.

Eine Bucket List wird allerdings einen Schritt konkreter. Ich möchte nicht abstreiten, dass ihr ein gutes Gedächtnis habt. Aber nehmen wir mal an, ihr fahrt an einer Wasserski-Anlage vorbei und denkt euch: „Wasserski! Cool, lass uns das nächsten Sommer auch mal machen!". Wie hoch ist die Wahrscheinlichkeit, dass ihr euch im nächsten Sommer a) noch daran erinnert und b) auch wirklich zum Wasserski geht. Ähnlich wird es mit den Erdbeeren sein, die ihr selber pflücken wollt und dem Salsa-Kurs oder der Schneeschuhwanderung. Bei der Planung des nächsten Wochenendes heißt es dann „aus den Augen, aus dem Sinn" und ihr orientiert euch an dem, was ihr an Wochenenden schon immer gemacht habt. Eine Bucket List hilft euch dabei, diesem Dilemma zu entfliehen. Auf einer Bucket List stehen nämlich all jene großen und kleinen Dinge gesammelt, die ihr immer schon mal machen wolltet oder die ihr in eurem Leben erreichen möchtet.

Oder für die Liebhaber von konkreten Definitionen unter euch:

> *Eine Bucket List (der deutsche Begriff ist Löffeliste) ist eine Liste aller Dinge, Erfahrungen und Erlebnissen, die man bis zu seinem Tod erleben oder erreichen will.*

Dass Menschen ihre Ziele auf einer Liste festhalten, hat es vermutlich immer schon gegeben. So richtig populär wurde der Begriff Bucket List aber erst mit dem Kinofilm *Das Beste kommt zum Schluss* (englischer Titel *The Bucket List*) mit Jack Nicholson und Morgan Freeman aus dem Jahr 2007. Zwei krebskranke Männer besinnen sich im gemeinsamen Krankenzimmer auf die Bucket List des einen zurück, ergänzen diese und nehmen sich vor, die Liste gemeinsam in der ihnen noch zur Verfügung stehenden Zeit abzuarbeiten. Praktischerweise ist einer der beiden Milliardär, weshalb Geld keine Rolle spielt. Gemeinsam erleben sie einen Fallschirmsprung, reisen zu den Pyramiden in Ägypten und fahren mit einem Rennwagen. Eine Bucket List für ein ganzes Leben im Schnelldurchlauf sozusagen. In der Regel ist eure Situation aber eine andere: Ihr habt sehr viel mehr Zeit und sehr viel weniger Geld zu Verfügung, weswegen ich den Film auch nur bedingt empfehle.

Ein aktuellerer, deutschsprachiger Film, der sich ebenfalls um eine Bucket List dreht, ist *Das bescheuerte Herz* mit Elyas M'Barek aus dem Jahr 2017. Lenny, reicher Sohn eines Herzspezialisten, bekommt nach einer seiner Eskapaden von Papa die Kreditkarte gesperrt und soll sich, um den Geldhahn wieder aufgedreht zu bekommen, um den einen jugendlichen Patienten seines Vaters kümmern. Dabei handelt es sich um den 15-jährigen David, der einen schweren Herzfehler hat und dessen Zustand oft lebensbedrohlich ist. Widerwillig nimmt sich Lenny seiner an und erstellt mit ihm eine Liste all jener Dinge, die der herzkranke Junge noch erleben möchte. Während die Erfüllung materieller Wünsche für den Sohn aus reichem Hause kein Problem ist, sieht es da bei immateriellen Wünschen wie „meine Mutter glücklich sehen" schon schwieriger aus. Auch wenn die Story im Film vorhersehbar ist, beruht die Geschichte auf wahren Ereignissen. Und zwar denen von Lars Amend und Daniel Meyer. Die Liste mit 25 Dingen, die er in seinem Leben noch erleben will, hat der damals 15-jährige Daniel erstellt und gemeinsam mit dem Schriftsteller und Freund Lars Amend erlebt.

Wie ihr vielleicht schon gemerkt habt: Eine Bucket List ist eine sehr persönliche Angelegenheit. Es gibt kein richtig oder falsch beim Erstellen einer Bucket List. Wie auch? Die Wünsche und Ziele im Leben sind von Person zu Person so unterschiedlich wie der Fingerabdruck oder das Abbild der Iris. Beliebte Punkte, die ihr immer wieder lesen werdet, sind beispielsweise das Erlernen einer Fremdsprache, ein Fallschirmsprung, eine Reise in die Arktis oder die Teilnahme an einem Marathon. Wenn euch all das nicht reizt, werden diese Punkte auch keinen Platz auf eurer Bucket List finden. Was darauf steht, bestimmt ganz allein ihr. So ist es auch völlig legitim, wenn auf eurer Liste Punkte stehen, die in den Augen anderer nichts Besonderes sind. Ein Besuch in der textilfreien Sauna mag für euch eine riesige Überwindung sein, während ein befreundetes Paar regelmäßig in den FKK-Urlaub reist und über diesen Punkt auf eurer Bucket List schmunzeln wird. Egal wie klein oder unspektakulär euch etwas erscheinen mag: Solange es für euch bedeutet, euch aus eurer Komfortzone zu bewegen und ihr euch stolz fühlt, wenn ihr euer Häkchen setzen könnt, hat jedes noch so kleine Erlebnis seine Berechtigung.

Es ist nicht eindeutig, woher das Konzept einer Bucket List stammt oder wer diesen Begriff das erste Mal benutzt hat. Die gängigste Erklärung bezieht sich auf die englische Redewendung „to kick the bucket", die ihren Ursprung darin hat, dass im Mittelalter Hinrichtungen mit dem Galgen üblich waren. Kurz bevor der Verurteilte einen qualvollen Tod starb, hat der Scharfrichter den Eimer, der als Erhöhung diente, um mit dem Kopf durch die Schlinge zu kommen, weggetreten. Das Wegtreten des Eimers ist somit mit dem baldigen Tod gleichzusetzen.

Es ist naheliegend, dass sich der deutsche Begriff Löffelliste auf den Ausdruck „den Löffel abgegeben" zurückführen lässt, welcher etwas euphemistisch ausdrückt, dass jemand gestorben ist. Das Motiv des Löffelabgebens hat seine Wurzel ebenfalls im tiefen Mittelalter. Bei der ärmeren, bäuerlichen Bevölkerung gab es damals überwiegend Brei zu essen. Gabel und Messer waren also nicht notwendig. Dafür war der Löffel, der heute eher eine unpersönliche Massenware ist, ein wertvoller, oft selbst geschnitzter Gegenstand. Nach der Mahlzeit wurde der Löffel gut sichtbar an die Wand gehängt. Gibt jemand den Löffel ab, schließt er sich von der lebensnotwendigen Mahlzeit aus und stirbt im übertragenen Sinne. Demnach gilt: Ende der Nahrungsaufnahme = Ende des Lebens. Ein weiterer Ansatz zur Herkunft des Begriffs setzt ebenfalls im bäuerlichen Umfeld an: Zog in vergangenen Zeiten ein Knecht von einem Hof zum anderen weiter, ließ er dabei seinen Löffel zurück. Das Ausscheiden aus der Gemeinschaft steht ebenfalls für einen Umbruch und Abschluss einer Lebensphase.

Die grundlegende Bedeutung einer Bucket List besteht vor diesem Hintergrund darin, die Zeit bis zum Ende des eigenen Lebens so zu gestalten, dass man ohne das Gefühl, etwas verpasst zu haben, abtreten kann. Für ein großartiges Leben ohne Reue ist natürlich keine Bucket List nötig. Eine Bucket List ist aber ein sehr hilfreiches Instrument, um die eigenen Wünsche, Ziele und Träume nicht in Vergessenheit geraten zu lassen und sich bewusst zu werden: Irgendwann ist Schluss. Wir leben nicht unendlich. Das Leben, wie man es eigentlich leben möchte, immer weiter zu verschieben, ist ein gefährliches Unterfangen. Jeder Tag ist wertvoll und verdient es, dass du an ihm Abenteuer erlebst, etwas Neues zum ersten Mal machst oder einem langfristigen Ziel ein kleines Stück näher kommst.

6 Wege, wie euch eine Bucket List bereichern kann

Ob Einkaufsliste, To-do-Liste oder eben die Bucket List – die Gründe, warum wir so gerne Listen schreiben, liegen auf der Hand: Alles, was wir aufschreiben, müssen wir uns nicht mehr merken. Gleichzeitig fühlen wir uns schon nach dem Erstellen der Liste einen Schritt weiter, obwohl wir im Grunde genommen noch gar nicht angefangen haben. Zu guter Letzt ist es ein tolles Gefühl, Punkte von der Liste zu streichen oder abzuhaken. All dies trifft natürlich auch auf die Bucket List zu. Wie euch eine Bucket List darüber hinaus helfen kann, verrate ich euch in diesem Kapitel.

Der eigenen Endlichkeit bewusst werden

Eins ist sicher: Ihr werdet sterben. Wir alle werden irgendwann sterben. Im Durchschnitt haben Männer hierzulande 78 Jahre zur Verfügung, Frauen mit 84 Jahren etwas mehr. Klingt erst mal recht viel. Doch zeichnet mal 78 oder 84 Kästchen auf und streicht die Jahre, die ihr schon gelebt habt durch. Auf einmal scheint das Ende schon viel greifbarer. Natürlich könnt ihr gemeinsam auch jeweils 100 Jahre alt werden. Auf der anderen Seite ist es aber gar nicht so unwahrscheinlich, dass ihr noch vor Rentenbeginn sterben werdet. Rund jeder Sechste, der aktuell das Zeitliche segnet, war jünger als 67. Vor diesem Hintergrund sind Gedanken wie „Ich bin doch erst 25/35/45 etc." oder „Irgendwann, wenn wir in Rente sind / wenn die Kinder aus dem Haus sind / wenn es weniger stressig ist … dann …" fatal. Wenn wir unsere Träume immer weiter in die Zukunft verschieben, kann es zu spät sein. Irgendwann kommt das Ende. Eine Bucket List konfrontiert euch mit der eigenen Endlichkeit und dem Gedanken, dass *irgendwann* irgendwann zu spät ist.

Ein Leben ohne Reue führen

Wusstet ihr, dass die meisten Menschen am Ende ihres Lebens nicht bereuen, nicht mehr gearbeitet oder nicht mehr in ihrem Leben erreicht zu haben? Im Gegenteil: In ihren Gesprächen mit Sterbenden erlebte die Australierin Bronnie Ware[2], was Menschen angesichts ihres eigenen Ablebens wirklich bereuen – nämlich zu viel gearbeitet und zu viel Zeit damit verbracht zu haben, Pläne für die Zukunft zu schmieden, statt sich im gegenwärtigen Moment mehr Freude gegönnt zu haben. Erschreckend, oder? Das soll jetzt nicht heißen, dass ihr nicht mehr langfristig denken und sofort eure Jobs kündigen sollt. Die Erkenntnis allerdings, dass ihr euch schon jetzt etwas gönnen und das Leben so gut es nur geht genießen könnt, ist viel wert.

Mit einer Bucket List rollt ihr das Leben von hinten auf. Stellt euch vor, ihr sitzt als altes Paar zusammen auf der Hollywood-Schaukel und könnt sagen: Wir hatten ein verdammt geiles Leben. Wir haben alles gesehen, was wir sehen wollten, und alle Abenteuer erlebt, die wir uns vorgenommen haben.

Träume bewusst werden

„Träume nicht dein Leben, lebe deine Träume!" Mit Sicherheit habt ihr diesen Spruch schon Dutzende Male gehört oder in dem ein oder anderen WhatsApp Status gelesen. Jetzt überlegt euch einmal, wie viele den Spruch nicht nur posten, sondern auch tatsächlich leben. Ich kann es euch nicht mit Sicherheit sagen. So sicher wie das Amen in der Kirche ist aber: Die wenigsten Menschen leben wirklich ihre Träume. Mehr noch: Die allermeisten kennen ihre Träume nicht einmal. Ohne eine Vorstellung davon, was sie wirklich wollen, folgen jene Menschen meist den üblichen Erwartungen der Gesellschaft: Ausbildung, Studium, Bürojob, Heiraten, Haus kaufen und Kinder bekommen. Oder aber sie lassen sich

---

[2] Ein absolut lesenswertes Buch: Bronnie Ware (2013): 5 Dinge, die Sterbende am meisten bereuen: Einsichten, die Ihr Leben verändern werden (Arkana Verlag).

treiben, um irgendwo zu landen, wo sie eigentlich nie hinwollten (z. B. karriere-technisch). Wirklich zufrieden macht diese Vorstellung nicht. Doch schwierig etwas zu ändern, wenn man nicht weiß, wohin man möchte. Das Erstellen einer Bucket List bringt euch dazu, euch intensiv mit euren Träumen und Zielen im Leben auseinanderzusetzen. Was wolltet ihr schon lange machen oder welche Orte wollt ihr unbedingt sehen? Es kann gut sein, dass es der Hauskauf und das BWL-Studium sind, aber es kann auch sehr gut etwas anderes sein.

Ziele aufschreiben hilft, die Ziele auch zu erreichen

Wie war das doch gleich? Die Liste für den Supermarkt müsst ihr euch nicht aufschreiben, sondern könnt sie euch auch im Kopf merken? Die Erfahrung zeigt: Dieses Vorgehen funktioniert in den seltensten Fällen. Am Ende fehlt doch die Butter. Bei einer Bucket List sieht es nicht anders aus. Euer Vorhaben, im nächs-ten Winter eine Schneeschuhwanderung zu unternehmen, ist euch jetzt präsent, aber wie wird es aussehen, wenn die Tage langsam wieder kürzer werden? Oder nehmen wir ein Vorhaben, das etwas mehr Einsatz und Disziplin erfordert. Ihr wollt euch gemeinsam mit dem Deutschen Tanzabzeichen Goldstar schmücken (wahlweise konversationssicher Italienisch sprechen oder euch das Deutsche Sportabzeichen an die Brust heften). Was glaubt ihr: Wie erreicht ihr euer Ziel eher? Wenn ihr es euch lediglich vornehmt oder wenn ihr euer Ziel verschriftlicht?

In einer Studie der Dominican University of California aus dem Jahr 2015 wur-den 267 Probanden zwischen 23 und 72 Jahren gebeten, sich berufliche Ziele zu überlegen, die sie in den nächsten vier Wochen erreichen möchten.[3] Die Pro-banden wurden in fünf Gruppen eingeteilt:

Gruppe 1 formulierte und priorisierte die Ziele mündlich.
Gruppe 2 hat die Ziele schriftlich notiert und priorisiert.

[3] Gardner, S., & Albee, D. (2015). Study focuses on strategies for achieving goals, resolutions.

Gruppe 3 hat zu den schriftlich notierten Zielen Maßnahmen dazugeschrieben, die für die Zielerreichung notwendig sind.

Gruppe 4 hat nicht nur die Ziele schriftlich fixiert und Maßnahmen notiert, sondern auch einem Freund davon erzählt.

Gruppe 5 hat neben all den zuvor genannten Punkten einem Freund einen wöchentlichen Fortschrittsbericht gesendet.

Das Ergebnis könnt ihr euch vielleicht schon denken: Von Gruppe 1 haben nur 43 % ihre Ziele erreicht, während dies bei Gruppe 5 schon 76 % Prozent waren. Ein beeindruckendes Ergebnis, das zeigt: Ziele aufschreiben hilft, diese auch zu erreichen. Wer zudem noch konkrete Maßnahmen formuliert und sein Umfeld einbindet, hat eine ungleich höhere Erfolgsquote als jemand, der seine Ziele nur mündlich äußert. Klingt irgendwie auch logisch. Es ist etwas vollkommen anderes sich Dinge nur auszumalen oder in seinen Gedanken vorzunehmen, als sie schriftlich zu fixieren. Das geschriebene Wort schafft eine größere Verbindlichkeit und dient nebenbei als freundlicher Reminder. Ich verspreche euch: Eure Ziele aufzuschreiben hilft euch, eure verrückten Ideen nicht in Vergessenheit geraten zu lassen, und schafft eine größere Verbindlichkeit. Ihr gebt euch damit selbst ein Versprechen, euer Bestes zu tun, um eure Träume zu verwirklichen.

Leben im Hier und Jetzt

Eine Bucket List bringt euch aber auch dazu, den Begriff Alltag noch einmal zu überdenken. Allzu viele Menschen fiebern nämlich monatelang auf den begehrten Sommerurlaub hin, während sie sich so durch den Alltag kämpfen. Im Urlaub erleben sie dann neue Eindrücke am Fließband. Sei es eine fremde Sprache, von der sie ein paar Brocken aufschnappen, außergewöhnliche Gerichte oder ganz neue Aktivitäten, die sie zum ersten Mal erleben. Nach zwei oder drei Wochen ist der Urlaub allerdings zu Ende. Das beschwingte Urlaubsfeeling hält noch etwas an und dann ist wieder alles beim Alten. Also schnell den nächsten Jahresurlaub oder einen kleinen Kurztrip zur Überbrückung planen.

Worauf ich hinaus will: Fernreisen sind eine aufregende Flucht aus dem Alltag, aber sie verändern ihn nicht. Es wäre doch schade, wenn ihr euer aufregendes Leben nur auf wenige Wochen im Jahr beschränkt und die restlichen Wochen einfach so an euch vorbeirauschen lasst. Wieso kann nicht ein ganz gewöhnlicher Mittwoch zu etwas Besonderem werden? Klar, ihr müsst arbeiten. Aber was ist mit den verbleibenden acht Stunden (angenommen ihr schlaft vorbildliche acht Stunden). Wieso nicht mal abends in einer Salzgrotte entspannen, zu einem Dinner-Date im Dark-Restaurant gehen oder einen Film im Autokino sehen? Ihr werdet merken, dass die Vorfreude auf euer gemeinsames Event am Abend euch den ganzen Arbeitstag über begleiten wird. Ist es nicht schön zu wissen, wofür es sich zu arbeiten lohnt? Gebt jedem Tag die Chance, zu etwas Besonderem zu werden. Ein Tag, an dem ihr euch einen Wunsch erfüllt oder etwas völlig Neues, Aufregendes erlebt.

Raus aus der Komfortzone

"A comfort zone is a beautiful place, but nothing grows there."

Und ob die Komfortzone ein gemütlicher Platz ist. Hier braucht ihr keine Angst haben, müsst euch nicht anstrengen, geht keinerlei Risiko ein und habt es sicher und bequem. Die Komfortzone beschreibt jenen Bereich, der euch vertraut ist, wie z. B. Freunde, Routinen und eure vertraute Umgebung. Oder wenn ihr samstagabends mit euren langjährigen Freunden zu eurem Stamm-Italiener geht oder wie jedes Jahr nach St. Peter-Ording reist, wo euch die Mitarbeiter im Hotel schon beim Vornamen begrüßen und ihr euch so gut auskennt, dass andere Touristen euch für Einheimische halten. Klingt gar nicht so übel, oder? Allerdings hat die Komfortzone auch ihre Nachteile. Da ihr euch in eurer Komfortzone so gut auskennt wie ein Gefangener in seiner Zelle, widerfährt euch dort auch nichts Neues, was auf Dauer ziemlich öde ist. Leider ist in der Komfortzone auch kein Platz für persönliches Wachstum sowie eure Ziele und Träume. Für deren Erfüllung müsst ihr nämlich etwas Mut aufbringen und euch in die Wachstumszone begeben.

Werfen wir hierzu einen Blick auf das Drei-Zonen-Modell. Dem Modell zufolge gibt es drei menschliche Bereiche des Empfindens. Die gerade schon beschriebene Komfortzone, die Wachstumszone und die Panikzone.

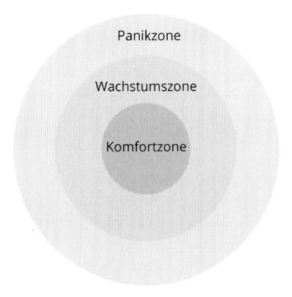

Die Wachstumszone trägt ihren Namen deshalb, da hier die Chance zum persönlichen Wachstum besteht. Der Haken: Um in die Wachstumszone zu kommen, führt kein Weg daran vorbei, die Komfortzone zu verlassen. Denn ihr begebt euch auf neues Terrain, durchbrecht gewohnte Routinen und müsst euch Ängsten und Unsicherheiten stellen. An dieser Stelle kommt eure Bucket List ins Spiel. Wenn ihr bislang immer nur nach Mallorca gereist seid, kann eine Traumreise nach Moskau erst einmal der absolute Super-GAU sein. Kaum einer spricht Englisch, unentzifferbare Straßenschilder und ungewohnte kulinarische Spezialitäten. Allerdings ist all dies auch kein Ding der Unmöglichkeit. Ihr werdet euch schon zurechtfinden. Mehr noch: Ihr werdet mit dieser Herausforderung wachsen, euch neues Wissen aneignen und euer Selbstvertrauen steigern. Beim nächsten exotischen Reiseziel macht ihr euch schon viel weniger Gedanken über die schwierigen Kommunikationsmöglichkeiten und bei eurer dritten oder vierten Reise, werdet ihr merken: Plötzlich ist das, was einst so viel Unbehagen bereitet hat, überhaupt kein Problem mehr. Glückwunsch! Ihr habt eure Komfortzone gerade erfolgreich erweitert. Es muss natürlich nicht immer die große Reise sein. Schon ein Besuch im ostafrikanischen Restaurant, wo alle mit Händen essen (oder doch nicht, Hilfe!) oder der erste Besuch in der Sauna, erfordern beim ersten Mal ein Quäntchen Mut.

Je länger ihr es euch in eurer Komfortzone bequem gemacht habt, desto schwerer wird es euch anfangs fallen, euch von Denkmustern und Gewohnheiten zu lösen. Aber je mehr Häkchen ihr auf eurer Bucket List setzen werdet, desto mutiger werdet ihr und desto mehr schult ihr nebenbei eure Fähigkeit, neue Abenteuer und Erlebnisse zu entdecken.

So wichtig Ausflüge in die Wachstumszone auch sind. Die Komfortzone verliert hierdurch keinesfalls ihre Bedeutung. Im Gegenteil: Wenn ihr regelmäßig hierhin zurückkehrt und ab und an einen Netflix-Sonntag einlegt, sorgt ihr für ein gesundes Gleichgewicht. Ruhepausen und Entspannung sind genauso wichtig wie eure Abenteuer. Insbesondere dann, wenn ihr zu schnell zu viel wollt. Ich rate zum Beispiel keinem Bucket List-Anfänger mit einem Tandem-Fallschirmsprung zu starten. So eine Aktion kann zu großem Stress bis hin zu Angstattacken führen. Willkommen in der Panikzone. Wenn ihr den Sprung aufgrund eurer physischen oder psychischen Verfassung sogar abbrechen müsst, kann dies sogar einen Rückschritt bedeuten. So schnell werdet ihr nach so einem Rückschlag eure Komfortzone wohl nicht mehr verlassen.

Aber lasst euch von dieser Aussicht nicht abschrecken! So weit wird es nicht kommen, wenn ihr behutsam vorgeht und euer gemeinsames Bucket List-Abenteuer mit Erlebnissen beginnt, die zunächst nur ein klein wenig von euren Routinen abweichen und ein niedriges Adrenalin-Level haben.

So erstellt ihr eine gemeinsame Bucket List

Jetzt geht es ans Eingemachte: dem Erstellen eurer Bucket List. Holt euch Zettel und Papier und macht es euch gemütlich. Vielleicht bei einem Glas Wein oder einem heißen Kakao. Und los gehts!

Bitte habt dabei im Hinterkopf:

1) Ihr schreibt eure Bucket List, nicht eure To-do-Liste für den nächsten Tag. Punkte wie *die Gartenhütte aufräumen* oder *die abgefallenen Knöpfe annähen* haben auf eurer Bucket List keinen Platz.
2) Achtet darauf, auch wirklich nur die Punkte aufzuschreiben, die ihr aus tiefstem Herzen erreichen oder erleben möchtet, und nicht solche, von denen ihr denkt, dass sie irgendwie „dazugehören", weil ihr sie ständig auf den Listen anderer seht (zum Beispiel Bungee-Jumping, Fallschirmspringen und einen Marathon laufen).
3) Schließt auf keinen Fall Dinge aus, nur weil ihr denkt, dass es unmöglich oder zu lapidar ist. Denkt daran: Eure Komfortzone wächst mit der Anzahl der Häkchen auf eurer Bucket List. Was euch jetzt unmöglich erscheint, ist in einigen Jahren in greifbarer Nähe. Genauso wenig gibt es ein „zu unbedeutend" bei eurer Bucket List.

Brainstorming

Die folgenden Fragen sollen euch helfen eure Gedanken in die richtige Richtung zu lenken.

- Was würden wir tun, wenn Geld keine Rolle spielen würde?
- An welche Orte möchten wir unbedingt reisen?
- Welche gemeinsamen Erlebnisse sind uns besonders in Erinnerung geblieben?
- Was möchten wir unseren Enkeln einmal von unserem Leben erzählen?
- Welche Werte vertreten wir? Was ist uns wichtig? In welchem Bereich möchten wir ehrenamtlich aktiv werden?
- Was wollten wir immer schon mal ausprobieren?
- In welchen Situationen fühlen wir uns so richtig lebendig?
- Was haben wir uns schon seit Ewigkeiten vorgenommen?
- Was würden wir machen, wenn wir nur noch ein Jahr zu leben hätten?
- Welche Wünsche hatten wir als Kinder?
- Woran sollen sich Menschen nach unserem Tod erinnern, wenn sie an uns denken?
- Was wollen wir der Nachwelt hinterlassen?
- Welche Fähigkeiten wollen wir erlernen?
- Wie wollen wir die Beziehung zueinander und zu Freunden, Familien, Kollegen und Fremden gestalten?

Mit großer Wahrscheinlichkeit sind eure Antworten auf diese Fragen – würde man euch getrennt befragen – ziemlich unterschiedlich. Ihr seid aber auch nicht ohne Grund zusammen und werdet auch auf Wünsche stoßen, bei denen ihr beide ein Leuchten in den Augen bekommt. Zu der Frage eigene vs. gemeinsame Bucket List komme ich später in diesem Buch noch. Ich rate euch an dieser Stelle aber, die Fragen sowohl für euch allein zu beantworten als auch mit eurem Partner gemeinsam zu überlegen.

Wenn ihr euch von der Menge an Ideen und Input erschlagen fühlt, kann es auch helfen in Kategorien zu denken. Dieses Vorgehen hat auch den Vorteil, dass ihr keinen Lebensbereich außer Acht lasst und als Ergebnis eine abwechslungsreiche Bucket List in den Händen halten werdet.

Mögliche Kategorien sind:

- Reisen
- Sport
- Weiterbildung
- Kulinarische Ziele
- Kreativität
- Berufliche Ziele
- Soziales Engagement
- Spiritualität
- Beziehungen
- Persönliches
- Abenteuer
- Unterhaltung
- Finanzielle Ziele
- Gesundheit
- Kultur

Innerhalb der Kategorien kann man natürlich noch mal Unterteilungen treffen. Unsere Reise-Bucket-List haben wir beispielsweise in Deutschland, Europa und die Welt unterteilt, um einen besseren Überblick zu haben. Eine andere Möglichkeit ist es, eure Ziele nach ihrem Schwierigkeitsgrad oder in kurzfristige, mittelfristige und langfristige Ziele aufzuteilen.

Tipp: Eine Reverse Bucket List erstellen

Kommt es euch bei der Erstellung eurer Bucket List so vor, als ob ihr in eurem Leben noch nicht wirklich viel erlebt habt? Dann seid ihr nicht allein. Es ist nur allzu verständlich, dass die Überlegung, was man eigentlich im Leben erreichen und erleben möchte, einen vergessen lässt, was man schon alles Tolles erleben durfte. Kein Wunder. Schließlich richtet sich eine Bucket List in die Zukunft. Hier stehen all jene Dinge, die ihr noch gemeinsam erleben wollt. Nicht die, die ihr schon erlebt habt. So kann leicht der Eindruck entstehen, etwas verpasst zu haben, was mit Sicherheit nicht der Fall ist. Überlegt doch mal, worauf ihr persönlich in eurem Leben besonders stolz wart. Welche Meilensteine habt ihr schon erreicht? Ihr habt euch zum Beispiel gefunden, was für viele Menschen da draußen ein sehnlichster Wunsch ist. An welche Reisen oder Erlebnisse zu zweit oder mit Freunden erinnert ihr euch gerne zurück? Von welchen Erlebnissen hat euch euer Partner mit einem Strahlen in den Augen berichtet? Ihr werdet sehen: Da kommt so einiges zusammen, auch wenn ihr diese Dinge nicht unter dem Deckmantel einer Bucket List erlebt habt. Was ist zum Beispiel mit eurer Reise nach Rom, den Besuch bei Madame Tussauds oder eurer Flucht aus dem Escape-Room? Hättet ihr diese Dinge nicht mit Sicherheit auf eure Bucket List geschrieben, wenn ihr sie nicht schon längst erlebt hättet? Ich kann euch versichern: Einige Dinge, die ihr in eurem Leben schon abhaken konntet, stehen bei anderen Menschen auf der Bucket List. Eine Möglichkeit, sich dessen bewusst zu werden, ist die Reverse Bucket List (das deutsche Äquivalent ist die Gabelliste). Eine Reverse Bucket List enthält nämlich all jene Dinge, die ihr bereits erlebt habt. Damit hört die Gabelliste sozusagen genau dort auf, wo die Löffelliste beginnt. Beim Zusammentragen der Reverse Bucket List kommen nicht nur viele schöne Erinnerungen wieder hoch, sondern es entsteht auch ein Gefühl der Dankbarkeit für all die wunderbaren Dinge, die ihr schon (gemeinsam) erleben durftet. Der Blick zurück auf das Erreichte kann auch eine Motivation für die Zukunft sein. Wenn ihr mögt, könnt ihr eure Reverse Bucket List auch weiter fortführen und um all jene Punkte ergänzen, die ihr von eurer Bucket List streichen konntet.

Holt euch Inspiration

Ihr müsst mit eurer Bucket List keinen Wettbewerb für die originellste Liste gewinnen. Abschauen und inspirieren lassen ist ausdrücklich erlaubt, solange ihr immer wieder kritisch hinterfragt, ob die Ziele für euch auch wirklich eine Bedeutung haben.

Anbieter von Erlebnissen

Anbieter von Erlebnissen wie Jochen Schweizer, mydays und Fun4You sind nicht erst relevant, wenn es darum geht, eure Träume Wirklichkeit werden zu lassen, sondern sind auch prima geeignet, um sich einen Überblick zu verschaffen, was es alles an verrückten Erlebnissen gibt.

Online-Plattformen

Selbstverständlich gibt es in unserem digitalen Zeitalter auch Alternativen zur klassischen Bucket List auf Papier. Ganz gleich, für welches Format ihr euch später entscheidet. Auf den Plattformen wie bucketlist.net, bucketlist.org, oder woovly.net findet ihr unzählige Ideen anderer Bucket Lister.

Pinterest

Beim Thema Bucket List ist die Bilder-Suchmaschine ganz vorn mit dabei. Gebt einfach Schlagworte wie *Bucket List, Löffelliste* oder *Bucket List Ideen* in den Suchschlitz ein und lasst euch inspirieren. Jede Menge Vorschläge findest du auch auf meinen Pinnwänden (https://www.pinterest.de/denisebucketlist/).

Wichtig ist auch, dass eure Löffelliste dynamisch ist. Die Punkte sind nicht in Stein gemeißelt. Schaut bei den genannten Quellen am besten regelmäßig vorbei. Ihr werdet merken, dass ihr wieder auf neue Ideen für eure Bucket List stoßen werdet.

Was gibt es bei euch in der Nähe zu entdecken?

Ja, es macht Spaß, im Urlaub fremde Länder zu erkunden. Damit eure Bucket List aber eine Chance hat, euren Alltag zu verändern, schaut nicht nur auf die große, weite Welt, sondern auch auf eure Heimat. Was gibt es in eurer unmittelbaren

Nähe zu entdecken? Wofür kommen Touristen in eure Region? An welchem Restaurant fahrt ihr immer wieder vorbei und sagt euch, da müssen wir auch mal hin? Für unseren Wohnort Wuppertal haben wir uns beispielsweise vorgenommen den Skulpturenpark Waldfrieden zu besuchen, mit dem Kaiserwagen der Schwebebahn zu fahren, dem Engelshaus einen Besuch abzustatten und den Wuppertal-Rundwanderweg komplett gewandert zu sein. Wenn ihr euren Radius auf zwei Auto- oder Zugstunden ausdehnt, steht euch noch eine viel größere Bandbreite an Aktivitäten zur Verfügung.

Um Aktivitäten in eurer Nähe zu finden, die ihr nicht unmittelbar auf dem Schirm habt, ist die erste Anlaufstelle die örtliche Touristeninformation, die Webseite eurer Stadt oder ein lokaler Reiseführer. Jede Menge Ideen liefern auch Plattformen wie Tripadvisor oder ganz klassisch Google Maps. Da ihr mit Sicherheit jede Menge Einheimische kennt (im Zweifel eure Nachbarn) sitzt ihr außerdem an der Quelle für den ein oder anderen Geheimtipp (z. B. das Restaurant mit dem besten Sushi in der ganzen Stadt). Und wo wir gerade bei Tipps sind: Besonders viel von eurer Heimat bekommt ihr zu sehen, wenn ihr euch aufmacht, die hiesigen Wander- und Radwege zu erkunden. Ihr werdet erstaunt sein, wie schön es doch bei euch ist.

Denkt immer daran: Kein Erlebnis ist zu klein und unbedeutend für eine Bucket List. Das Wichtigste ist, aus euren Gewohnheiten auszubrechen und Neues zu entdecken.

Häufige Fehler vermeiden

Hier findet ihr die häufigsten Fehler, die beim Erstellen einer Bucket List gemacht werden, und wie ihr mit ihnen umgeht.

Fehler Nr. 1: Die Ziele sind viel zu unkonkret

Formuliert eure Ziele so konkret wie möglich. Ziele wie *die Welt bereisen, mehr Sport machen* und *sich gesünder ernähren*, sind Beispiele, wie man es nicht machen sollte. Diese klassischen Neujahrsvorsätze sind quasi schon zum Scheitern verurteilt, da sie viel zu unkonkret sind. Was soll das bitte heißen *mehr Sport machen*?

Reicht es, wenn ihr sonntags einen 20-Minuten-Spaziergang einlegt oder zielt ihr darauf ab, an einem Ironman teilzunehmen? *Die Welt bereisen* kann auch alles sein zwischen einer groß angelegten Weltreise und einen Abstecher in die nächstgelegene Großstadt. Von daher werdet bei euren Zielen so konkret wie möglich. Wohin genau wollt ihr reisen? Wenn ihr noch kein konkretes Ziel vor Augen habt, überlegt euch, welche Art von Reisen ihr erleben wollt. Ist es eurer Traum, euch wie die Entdecker durch den Dschungel zu kämpfen, könnt ihr im zweiten Schritt immer noch recherchieren, in welche Regenwaldregion es gehen soll.

Fehler Nr. 2: Ziele weglassen, die euch unmöglich erscheinen
Die Zeit mit eurer Bucket List wird nicht spurlos an euch vorbeigehen. Im positiven Sinne. Ihr werdet nämlich persönlich und als Paar wachsen, mutiger werden und irgendwann an jeder Ecke neue spannende Erlebnisse und Abenteuer entdecken. Dinge, die euch jetzt unrealistisch erscheinen, zum Beispiel mit einem Campervan einen Sommer lang Skandinavien zu erkunden, sind irgendwann in greifbarer Nähe, je mutiger ihr werdet. Macht daher bitte nicht den Fehler, euch von Anfang an selber einzuschränken. Zwar ist eine Bucket List nicht in Stein gemeißelt, sodass scheinbar Unmögliches auch später noch ergänzt werden kann, aber vergesst nicht, dass es um eure Lebensträume geht, für die man ruhig groß denken darf. Eine Bucket List darf und soll euch fordern. Verdrängt einfach mal, dass ihr in euren Augen zu wenig Geld, Zeit, Talent etc. haben könntet. Anders schafft ihr den Sprung von der Komfort- in die Wachstumszone nicht. Behaltet im Hinterkopf: Ihr müsst nicht mit diesem Punkt anfangen. Eure Bucket List wird euch euer ganzes Leben begleiten.

Einige Wünsche und Träume, die ihr als Kinder hattet, sind mittlerweile zugegebenermaßen wirklich nicht mehr möglich. Mit 40 Jahren noch Prima-Ballerina, Astronaut, Mitglied einer Boyband oder Schülersprecher zu werden ... schwierig, aber noch lange kein Grund diese Träume komplett über Bord zu werfen. Überlegt gemeinsam, was an diesem Kindheitstraum so faszinierend war. Könnt ihr dieses Gefühl nicht auch auf eine andere Weise erleben? Nehmen wir das Beispiel von der Karriere im Weltraum. Ging es euch um das Gefühl der Schwerelosigkeit? Dieses Gefühl könnt ihr beim Bodyflying oder bei einem Parabel-Flug erleben. Oder war es vielmehr die Welt von Star Trek, die euch fasziniert hat? Dann kann euch der Besuch in einem Themenpark zumindest ein klein wenig in diese Welt entführen. Natürlich ist es nicht das Gleiche, ob ihr selber auf den Ballettbühnen dieser Welt tanzt oder nur zuschaut. Eine Aufführung im atemberaubenden Mariinsky-Theater in St. Petersburg oder ein Ballett-Kurs für Erwachsene, können dennoch Erlebnisse sein, die ihr euren Lebtag nicht vergessen werdet. Wenn ihr es leider verpasst habt, auf euren jeweiligen Abschlussbällen miteinander zu tanzen (weil ihr euch zu den Zeitpunkten noch gar nicht kanntet), könnt ihr ein vergleichbares Erlebnis haben, wenn ihr einen Tanzkurs besucht und gemeinsam zum Weihnachtsball geht. So in der Art lässt sich fast jeder nicht mehr realisierbare Traum in etwas Mögliches verwandeln.

Fehler Nr. 3: Keine Abwechslung
Die Polarlichter sehen, den Massai einen Besuch abstatten, mit der transsibirischen Eisenbahn fahren, auf Antarktis-Expedition gehen, zur Kirschblüte durch Tokio spazieren und mit dem Helikopter über den Grand Canyon fliegen – dies sind allesamt hervorragende Punkte für eine Bucket List. Ohne Zweifel! Wenn eure Liste aber in dem Stil weitergeht, habt ihr zwar eine sehr tolle Liste mit sehenswerten Reisezielen erstellt, aber auch eine sehr einseitige Bucket List. Die Ziele aus diesem Beispiel stammen nicht nur ausnahmslos aus der Kategorie Reisen, sondern sind auch alle miteinander sehr kostspielig und zeitintensiv. Nehmen wir mal an, ihr gehört zu den Normalverdienern mit ca. 30 Urlaubstagen. Dann ist eine solche Traumreise maximal einmal im Jahr drin. Eher seltener. Und in der Zwischenzeit? Business as usual?

Damit dies nicht passiert – eine Bucket List soll euch schließlich dabei unterstützen, jedem Tag die Chance zu geben, zu etwas Besonderem zu werden – versucht mit eurer Bucket List besser mehrere Kategorien und Schwierigkeitsgrade abzudecken. Beispielsweise neben dem Reisen auch die Kategorien Sport, Kultur und Weiterbildung. Euer Leben besteht aus so vielen Lebensbereichen. Diese Vieldimensionalität des Lebens darf sich auch ausdrücklich in eurer Bucket List widerspiegeln. Selbstverständlich wird es Schwerpunkte geben. Reisen ist zum Beispiel erfahrungsgemäß immer ganz vorne mit dabei. Aber das ist auch okay. Schließlich spiegeln sich eure Interessen auch in eurer Bucket List wider.

Neben den verschiedenen Kategorien ist gerade zu Beginn auch wichtig, zwischen großen und kleinen Zielen abzuwechseln. Erdbeeren auf einem Feld zu pflücken und daraus einen leckeren Kuchen zu backen, klingt im Vergleich zu Couchsurfing in Russland im ersten Moment etwas lahm. Aber ein Häkchen ist ein Häkchen und eine tolle Erinnerung eine tolle Erinnerung. Solche *kleinen* Ziele lassen sich nicht nur super neben einem Vollzeitjob erleben, gleichzeitig motivieren die kleinen Erfolgserlebnisse, auch die größeren, schwierigeren Ziele in Angriff zu nehmen.

Fehler Nr. 4: Bucket List als statische Liste betrachten
Eure Bucket List ist kein amtliches Dokument. Ihr müsst nicht jetzt schon wissen, was ihr in den nächsten 50 Jahres alles erleben wollt. Wie auch? Hättet ihr vor 50 Jahren wissen können, dass euch als DDR-Bürger nun die ganze Welt zum Reisen offen steht oder dass das Internet erfunden wird? Mit Sicherheit ist die Welt und euer Leben in einigen Jahrzehnten, wenn nicht sogar schon Jahren ein völlig anderes. Von daher: Die Bucket List, die ihr jetzt erstellt, ist lediglich der Startschuss. Entscheidend ist, dass ihr euch mit euren (gemeinsamen) Zielen und Träumen auseinandergesetzt habt. Alles andere hat auch wenig Sinn. Neben dem Weltgeschehen ändern sich eure Prioritäten und ihr euch als Menschen sowieso. Ein Beispiel: Wer vor einigen Jahren vielleicht noch eine Kreuzfahrt oder eine Teilnahme am Stierrennen von Pamplona auf seiner Bucket List stehen hatte, denkt heute mit einer stärkeren Sensibilisierung für den Klima- und Umweltschutz sicher anders über diese Pläne. Vielleicht merkt ihr auch, dass einige Ziele euch einfach nicht mehr wichtig sind. Was bringt es euch, diese Dinge weiter auf der Liste stehen zu haben, wenn sie für euch eher zu einer lästigen Pflicht geworden sind?

Der umgekehrte Fall kann natürlich auch auftreten. Ihr habt eure Bucket List finalisiert und im nächsten Monat seht ihr im Fernsehen eine Dokumentation über Spitzbergen und seid sofort Feuer und Flamme. Dieser Punkt hat es dann sowas von verdient einen Platz auf eurer Bucket List zu finden. Je mehr ihr eure Komfortzone verlasst, desto größer werden eure Ideen und die Bereitschaft Risiken einzugehen. Ich kann euch versprechen, dass ihr euch für Erlebnisse interessieren werdet, die ihr zuvor niemals für euch in Betracht gezogen habt.

Fehler Nr. 5: Die Bucket List als To-do-Liste missverstehen

Das Haus streichen, die Garage aufräumen und die Steuererklärungen der letzten drei Jahre machen – würdet ihr diese Dinge als eure Lebensträume betrachten? Wohl kaum. Daher sollten lästige Haushaltsverpflichtungen und andere unliebsame Dinge, die gemacht werden müssten, auch keinesfalls auf eurer Bucket List stehen. Es geht um eure Lebensträume, schon vergessen? Eure Bucket List soll euch bereichern. An diese Dinge sollt ihr euch im hohen Alter zurückerinnern und denken: „Wir hatten ein verdammt geiles Leben"! In diesem Moment werdet ihr euch, überspitzt gesagt, nicht an die Steuererklärungen oder den neuen Anstrich der Veranda erinnern. All diese Dinge, die ohne Frage gemacht werden müssen, haben auf einer Bucket List keinen Platz. Wenn ihr Gefallen an dem Listen-Format gefunden habt, schreibt euch hierfür eine To-do-Liste.

Fehler Nr. 6: Nicht anfangen

Einen der größten Fehler, die ihr machen könnt, ist, nicht anzufangen, weil ihr das Gefühl habt, eure Bucket List ist noch nicht vollständig. Sich all der Dinge bewusst zu werden, die man im Leben erreichen und erleben möchte, ist kein Zuckerschlecken und an einem Abend durchgekaut. Ihr werdet immer das Gefühl haben, eure Liste ist noch nicht vollständig. Dieses Gefühl werdet ihr allerdings auch nach Jahren noch haben, was auch nicht weiter schlimm ist. Wir haben gelernt, dass eine Bucket List dynamisch ist. Macht einfach irgendwann einen Cut. Alle Ideen, die euch später noch kommen, könnt ihr jederzeit ergänzen. Viel wichtiger ist, dass ihr ins Handeln kommt. Es kann sogar ganz hilfreich sein, mit einer kurzen Bucket List zu starten, um nicht gleich von der Menge an Optionen erschlagen zu werden.

Tipp: Eine Teil-Bucket-List erstellen

Manchmal kann einem eine Bucket List ganz schön einschüchtern. Insbesondere, wenn einige Hundert oder Tausend Punkte auf der Liste stehen. Vielleicht zweifelt ihr auch, ob eine Bucket List das Richtige für euch ist. In diesen Fällen kann es sinnvoll sein, zunächst mit einer kleinen Bucket List zu starten. Damit gemeint ist eine Bucket List, die einen Ausschnitt eurer Bucket List darstellt und auf einen Zeitraum befristet ist (z. B. ein runder Geburtstag, euer 10. Jahrestag, der nächste Sommer, bis Ende des Jahres usw.). Alternativ könnt ihr eine Bucket List für einen Lebensbereich, eure Stadt oder ein Hobby erstellen.

Beispiele für Teil-Bucket Listen

- Jahreszeiten: Bucket List für den Frühling, Sommer, Herbst und Winter
- Anlässe oder Feiertage wie Ostern, Weihnachten, Halloween
- Lebensphasen: Studium, Schulzeit, Rente, Schwangerschaft, Familie
- Orte und Regionen: New York, Berlin, NRW, Deutschland
- Kategorien: Sport, Adrenalin, DIY, Wellness, Essen, Outdoor, Reisen
- Interessen: Disney, Harry Potter, Bier, Wanderungen, Bücher

Sommer Bucket List

- Erdbeeren auf einem Feld pflücken
- Einen Road-Trip unternehmen
- In einer Hängematte schlafen
- An einer Weinprobe teilnehmen
- Origami lernen
- Marmelade selber machen
- Campen
- Limonade selber machen
- Einen Cocktail selber machen
- Ein Baumhaus bauen
- Bogenschießen lernen
- Nachts schwimmen gehen
- Marshmalllows rösten
- Unter einem Wasserfall stehen
- Auf einem Trampolin springen
- In einer Hängematte schlafen
- Surfen lernen
- Mit einem Bananenboot fahren
- Eine Sandburg bauen
- Unterm Sternenhimmel schlafen
- Ein Tourist in der eigenen Stadt sein

DENISE-BUCKETLIST.DE

Gestalten der Liste

Kommen wir zum finalen Schritt: dem Gestalten euer Bucket List. Hierfür ist vorerst egal, ob ihr 30, 100 oder sogar 500 Punkte zusammenbekommen habt. Entscheidend ist der Anfang. Jetzt stellt sich nur noch die Frage, welche Form eure Bucket List haben soll. Gerade im digitalen Zeitalter stehen euch ein paar Optionen zur Verfügung, deren Vorteile und Nachteile wir im Folgenden kurz betrachten wollen.

Handgeschriebene Bucket List

Der Klassiker ist natürlich die handgeschriebene Bucket List. Klarer Vorteil dieser Variante ist, dass ihr im Ergebnis eine haptische, erlebbare Liste habt, die ihr immer wieder zur Hand nehmen könnt. Eine schön geschriebene Liste macht, wenn ihr wollt, auch an eurer Küchenwand ordentlich was her und ist bei Besuch immer ein toller Gesprächsöffner in Richtung ernsthafte Gespräche. Eine handgeschriebene Liste ist zudem so viel persönlicher als ein digitales Dokument und derjenige, der die Liste schreibt, wird sie bereits beim Schreiben ein Stück weit verinnerlichen. Wo wir auch schon beim Problem wären: Ihr könnt eure gemeinsame Bucket List schlecht gemeinsam zu Papier bringen (Ausnahme: Ihr wechselt euch ab oder erstellt die Liste doppelt). Wahrscheinlich kommt der Part demjenigen mit der schöneren Handschrift zu. Ein weiterer Nachteil einer handschriftlichen Bucket List ist die fehlende Delete-Taste. Durchgekritzelte Punkte, die ihr nicht mehr auf eurer Liste haben wollt, Ergänzungen, Notizen zu erreichten Zielen wie z. B. das Datum, machen aus eurer Bucket List ein gelebtes, aber irgendwann auch ein sehr unübersichtliches Dokument. Wenn ihr eure Bucket List nicht nur in der Schublade oder an eurem Kühlschrank hängen haben wollt, sondern die Liste mit auf Reisen geht, besteht natürlich immer das Risiko, dass euch die Liste abhandenkommt. Ein Foto-Backup ist bei der handgeschriebenen Liste also ein Muss.

> **Tipp:** Am Ende des Buches findet ihr eine Bucket-List-Vorlage zum Ausfüllen sowie einen Link zu einer Seite, von der ihr euch kostenlos Bucket-List-Vorlagen herunterladen könnt.

Vorteile:

+ Haptisches Dokument
+ Persönliche Note
+ Beim Schreiben verinnerlichen

Nachteile:

- Verlustrisiko
- Wird schnell unübersichtlich
- Wenig flexibel
- Wer schreibt die Liste?

Online Bucket List

Was die Vorteile der einen Variante sind, sind die Nachteile der anderen. Eine digitale Bucket List hat zumindest in ihrer optischen Form einen weniger persönlichen Charakter (der Inhalt bleibt natürlich so individuell, wie er ist). Ihr habt auch keine Liste, die ihr in die Hand nehmen könnt und kommt nicht in den Genuss, einen Stift zur Hand zu nehmen und eigenhändig ein Häkchen zu setzen. Ausnahme: Ihr druckt die Liste aus und macht per Hand euer Häkchen. Sobald ihr eure Bucket List aktualisiert und erneut ausdruckt, dürft ihr dann aber auch eure Häkchen erneuern. Zudem sind die meisten Möglichkeiten der Online-Bucket List (hierzu gleich mehr) nicht darauf ausgelegt, dass ihr eure Bucket List ausdruckt.

Dafür bietet eine digitale Bucket List, gerade wenn man zu zweit ist, auch einige Vorteile. Es ist egal, wer die Bucket List erstellt. Sie wird so oder so gleich aussehen. Es besteht auch ein sehr viel geringeres Risiko, dass euch die Liste irgendwie abhandenkommt. Änderungen und Ergänzungen führen nicht dazu, dass die ganze Liste irgendwann aussieht, wie ein wilder Haufen. Der wohl größte Vorteil ist aber: Ihr könnt beide jederzeit Zugriff auf eure Bucket List haben, auch wenn ihr mal nicht am selben Ort seid. Wenn euch der Austausch mit einer Community wichtig ist und ihr daran interessiert seid, mit neuen Bucket List Ideen versorgt zu werden, seid ihr bei einer Online-Plattform genau richtig. Hier könnt ihr euch mit anderen Nutzern gegenseitig anfeuern, in Datenbanken nach Ideen suchen und euren Fortschritt öffentlich teilen.

Vorteile:

+ Nahezu kein Verlustrisiko
+ Schnelle und ordentliche Änderungen und Ergänzungen möglich
+ Einheitliches Schriftbild
+ Jederzeit Zugriff auf die Liste
+ Ggf. Austausch und Inspiration durch eine Community

Nachteile

- Weniger persönlich
- In der Regel keine haptische Erfahrung

Möglichkeiten eine Bucket List zu digitalisieren, gibt es natürlich ein paar mehr. Da ein jeder seine eigenen Vorlieben und Anforderungen hat, schaut am besten selber, welche Plattform euch zusagt.

Google Docs

Ganz simpel ohne viel Schnickschnack, habt ihr in dem kostenlosen Tool von Google die Möglichkeit ähnlich wie in Word eine Liste zu erstellen. Ihr benötigt lediglich ein Google-Konto. Der Vorteile gegenüber Word: Ihr könnt die Liste gemeinsam bearbeiten und habt sie dank der App auch mobil immer bei euch.

Bucketlist.net

Auf bucketlist.net könnt ihr euch ein eigenes Profil anlegen und euch aus einem riesigen Pool an Ideen eure Bucket List zusammenstellen. Zu jedem hinzugefügten Item, könnt ihr weitere Informationen wie eine Deadline oder ein eigenes Bild hinzufügen und entscheiden, ob dieses Item öffentlich sichtbar sein soll. Auf bucketlist.net besteht nämlich auch die Möglichkeit der sozialen Interaktion. Ihr könnt die Bucket Lists anderer Nutzer einsehen, euch Inspiration holen, Likes verteilen und virtuelle Freundschaften schließen. Außerdem finden sich Gleichgesinnte in Gruppen, sogenannten Tribes, zusammen. Wenn ihr die Community noch stärker an euren Erlebnissen teilhaben lassen möchtet oder Tipps für Bucket List Ideen geben wollt, könnt ihr, wie in anderen sozialen Medien auch, Posts erstellen.

Bucketlist.org

Bucketlist.org ist ähnlich aufgebaut. Auch hier legt ihr ein Profil an und erstellt euch aus Vorschlägen und eigenen Ideen eine Bucket List. Neben der Community (du kannst anderen folgen und Likes verteilen) gibt es auf bucketlist.org auch ein Punktesystem und ein Leaderboard. Beispielsweise erhaltet ihr Punkte, wenn jemand eure Ideen likt oder eines eurer Ziele auf seiner eigenen Liste hinzufügt. Punkte gibt es auch für abgehakte Ideen, wenn ihr diese mit einem eigenen Foto versieht. Eine Möglichkeit zum Austausch in Gruppen gibt es allerdings nicht. Trotz der Anreize zur Interaktion habe ich den Eindruck, dass die Plattform etwas am Einschlafen ist. Die Auswahl von Ideen nach Standort klingt toll. Allerdings gibt es den Radius aktuell nur für fünf Städte in den USA und Kanada.

Woovly.net

Das indische Unternehmen ist noch recht jung und die Nutzer bislang eher aus dem asiatischen Raum. Neben dem Erstellen einer eigenen Bucket List, steht die Community ganz klar im Vordergrund. So erinnert der Feed in woovly.com etwas an die Ansicht in Facebook. Allerdings habt ihr bei woovly die Auswahl, welche News (z. B. Fitness) ihr euch anzeigen lassen möchtet. Was auf der Plattform etwas stört, sind die langen Ladezeiten. Dafür ist der Blog recht aktiv und ihr habt die Chance, auf woovly hierzulande eher unbekannte Reiseziele in Asien zu finden.

Buckist

Mit der englischsprachigen App habt ihr eure Bucket List immer bei euch. Die *Buckets* (hiermit sind die Punkte auf eurer Bucket List gemeint) erstellt ihr entweder selbst oder ihr wählt aus den Vorschlägen unter dem Menüpunkt *Inspirations* aus. Wenn ihr mögt, könnt ihr eure *Buckets* auch vorgefertigten oder selbst erstellten Kategorien zuordnen. Insbesondere wenn ihr wenige der vorgefertigten Ideen nehmt oder eure Bucket List ins Deutsche übersetzen wollt, kann das Erstellen eurer Bucket List eine Weile dauern. Sobald ihr ein Bucket auf *achieved*, also erreicht, setzt, verändert sich auch eure Fortschrittsanzeige. Dieses Feature ist etwas verwirrend, da sich der Fortschritt natürlich jedes Mal ändert, wenn ihr neue Ziele hinzufügt oder andere wieder löscht. Leider lässt sich das Feature nicht ausschalten. In der kostenlosen Version gibt es zudem viel Werbung.

Simple Bucket List

Eine weitere englischsprachige App ist Simple Bucket List. Hier ist der Name Programm. Die App geht nämlich sehr minimalistisch daher. So müsst ihr auf eine Datenbank mit Ideen oder auf den Austausch mit einer Community verzichten. Dafür habt ihr eine sehr übersichtliche Liste. Erreichte Ziele könnt ihr mit einem Klick auf das Häkchen durchstreichen. Im Großen und Ganzen findet ihr dieselben Funktionen vermutlich auch in der Notiz-App eures Smartphones.

Lasst euch inspirieren – 400 Ideen für eure Bucket List

Neben den vorgestellten Quellen zur Inspiration, findet ihr auf den folgenden Seiten 400 Ideen, die zu Punkten auf eurer Bucket List werden können.

Kategorien

Damit ihr euch schneller zurechtfindet, ist jeder Bucket-List-Idee mindestens eine Kategorie zugeordnet. Wenn ihr z. B. eine spontane Aktivität oder ein Erlebnis für den Herbst sucht, werdet ihr so schneller fündig.

Romantisch ♥
Natürlich stehen romantische Aktivitäten in einer Paarbeziehung hoch im Kurs. Haltet nach dem Herz-Symbol Ausschau, wenn ihr nach Ideen sucht, bei denen ihr euch mal wieder tief in die Augen schauen könnt.

Adrenalin ✈
Lust auf Nervenkitzel und das unbeschreibliche Gefühl, euch gemeinsam getraut zu haben? Dann dürfen Erlebnisse, die den Adrenalin-Pegel nach oben schrauben, nicht fehlen.

Kulturell 🎭
Ob architektonische Highlights, Konzerte oder Museen – erweitert gemeinsam euren Horizont und legt dabei eventuell das ein oder andere Vorurteil ab.

Günstig €
Das Geld ist gerade knapp oder ihr spart für eine größere Reise? Erlebnisse mit dem Münzsymbol sind in der Regel auch mit einem geringen Budget (~unter 20 €) möglich. Einige Erlebnisse sind sogar komplett kostenlos.

Kreativ 🖌
In jedem von uns steckt ein Künstler! Es kommt nicht immer auf das fertige Werk an, sondern darauf, dass ihr Spaß hattet und euch einer neuen Erfahrung gestellt habt. Vorteil vieler künstlerischer Aktivitäten ist, dass ihr am Ende ein fertiges Werk in euren Händen halten dürft.

Entspannend 🕯
Es muss nicht immer jede Menge Action sein. Auch Müßiggang und Entspannung haben ihre ausdrückliche Daseinsberechtigung auf eurer Bucket List. Die Bucket List Ideen mit dem Kerzensymbol lassen es ruhiger angehen und sorgen für Entspannungsmomente abseits des gemeinsamen Alltags.

Natur 🌳
Ihr seid schon begeisterte Naturliebhaber oder wollt eure Bucket List zum Anlass nehmen, mehr Zeit in der Natur zu verbringen? Dann haltet nach dem kleinen Bäumchen Ausschau. Hier findet ihr zahlreiche Erlebnisse, die draußen stattfinden.

Sportlich 👟
Möglichkeiten, euch gemeinsam so richtig auszupowern, gibt es unendlich viele. Eine Auswahl findet ihr natürlich auch in den Vorschlägen. Keine Sorge: Die meisten Ideen sind auch für Einsteiger machbar.

Reisen 🧳
Gemeinsam die Welt entdecken – kann es etwas Schöneres geben, als gemeinsam fremde Kulturen kennenzulernen, Weltwunder zu bestaunen oder auf die unendliche Weite des Ozeans zu schauen? Vermutlich werden auf eurer Bucket List daher auch gemeinsame Reiseziele eine wichtige Rolle spielen. Alle sehenswerten Reiseziele dieser Welt aufzulisten, würde den Rahmen dieses Buches mehr als sprengen. Ein paar ausgewählte Tipps haben es aber doch in die Bucket-List-Vorschläge geschafft.

Kulinarisch

Liebe geht durch den Magen, auch wenn das jetzt abgedroschen klingt. Schlemmt euch gemeinsam durch die Geschmäcker aller Herrenländer und verbessert eure Kochfähigkeiten gemeinsam. Ideen hierzu findet ihr beim Kochlöffel-Symbol.

Gute Sache

Ihr vertretet ähnliche Werte und möchtet gemeinsam dazu beitragen, die Welt zu verändern. Es muss nicht immer eine große Spende oder ein zeitintensives ehrenamtliches Engagement sein. Bereits kleine Schritte führen zu einer Veränderung in eurem direkten Umfeld.

Bildung

Indem ihr etwas Neues lernt oder gemeinsam auf ein Ziel hinarbeitet, entwickelt ihr euch gemeinsam weiter und habt eine Sache, über die ihr euch intensiv austauschen könnt. Ein guter Grund also gemeinsam etwas für die grauen Zellen zu tun.

Spontan

Das nächste verlängerte Wochenende steht urplötzlich vor der Tür oder ihr wacht morgens voller Tatendrang auf? Dann achtet in dieser Liste auf das kleine Zeit-Symbol. Ideen mit diesem Hinweis sind in der Regel spontan innerhalb der nächsten 24 Stunden möglich, da keine große Planung im Voraus anfällt.

Just for Fun

Ich gebe zu: Einige Erlebnisse lassen sich nicht wirklich zuordnen. Alles in dieser Kategorie, hat vielleicht nicht immer Sinn, macht dafür aber umso mehr Spaß.

Jahreszeitliche Bucket List Ideen

Frühling ❀
Ziehen euch die ersten schönen Tage auch so magisch vor die Haustür? Einige Aktivitäten gehören in den Frühling wie Glühwein in die Adventszeit. Also nichts wie raus und erlebt die erwachende Natur.

Sommer ☀
Sommer, Sonne, Sonnenschein gepaart mit langen Abenden, lauwarmen Nächten und den schönsten Sonnenaufgängen. Der Sommer bietet so viele Aktivitäten, vor allem auf dem Wasser, für die es in den anderen Jahreszeiten, dann doch etwas kühl sein kann.

Herbst 🍁
Die Tage werden kürzer und die Kraft der Sonne langsam schwächer. Das soll euch aber nicht davon abhalten das meiste aus dieser Jahreszeit herauszuholen. Stichworte: goldener Herbst, Halloween und ganz viel Hygge.

Winter ❄
Der Winter bietet so viele tolle Aktivitäten, vorausgesetzt es wird dann auch mal so richtig winterlich. Für diesen Fall seid ihr aber gut gewappnet: In den Vorschlägen finden sich genug Ideen für die kalte Jahreszeit.

Anmerkung: Natürlich ist die Zuordnung bei manchen Erlebnissen so subjektiv wie eine Gedichtanalyse. Während dem einen eine Fahrt im Riesenrad den Adrenalinpegel in die Höhe schnellen lässt, ist dies für den anderen vielleicht nichts Wildes. Genauso ist die Angabe von Jahreszeiten nur eine Empfehlung. Natürlich könnt ihr Standup-Paddling statt im Sommer auch im Herbst oder Frühling (oder Winter) machen.

Bucket-List-No-Gos – Erlebnisse, die ihr nicht in den Vorschlägen findet

Jeder hat bei Themen wie Tierschutz und Nachhaltigkeit seine eigenen Wertvorstellungen. Für mich sind Erlebnisse, bei denen (aus meiner Sicht) Tiere zu Schaden kommen, tabu. Hierzu zählen für mich Erlebnisse wie Hummer essen, Fisch-Pediküre, Elefanten-Reiten, Pferderennen, Jagen oder eine „romantische" Kutschfahrt in überfüllten Touristenstädte. Auch lehne ich es für mich aus Gründen der Nachhaltigkeit ab, eine Kreuzfahrt zu machen. Aus diesem Grund werde ich euch auch keine Erlebnisse empfehlen, hinter denen ich nicht selbst stehe. Natürlich bleibt es euch überlassen, wo ihr die Grenze zieht. Vielleicht seht ihr die oben genannten Punkte nicht so eng. Dann nehmt sie in eure Liste auf. Genauso gut ist es möglich, dass euch der ein oder andere Vorschlag in dieser Liste missfällt (z. B. eine Flugreise oder der Konsum von Alkohol). Dann lest hier getrost drüber weg. Eine Bucket List ist so individuell und einzigartig wie eure Beziehung.

Aber genug Vorgeplänkel. Hier kommen endlich die Bucket-List-Ideen. Lasst euch inspirieren!

1. Ein Dark Dinner besuchen ✏❤

Was Essen angeht, solltet ihr beim Dark Dinner nicht wählerisch sein. Ihr könnt grob auswählen, was ihr vor euch auf dem Tisch haben wollt (vegetarisch, Fisch, etc.), aber danach müsst ihr euch schon auf euren Geschmackssinn verlassen. Denn der Name ist Programm und ihr speist gemeinsam in völliger Dunkelheit.

2. Eine Alpakawanderung machen 🌳

Alpakas sind gerade voll im Trend. Ein paar instagrammtaugliche Bilder mit den flauschigen Tieren sollte natürlich nicht eure primäre Motivation sein. Vielmehr erlebt ihr bei einer Wanderung mit Alpakas, wie es ist, die Kontrolle abzugeben und sich ganz nach den Tieren zu richten. Und keine Sorge: Die Alpakas zeigen dir schon sehr deutlich, wenn sie gerade keine Lust auf einen Spaziergang haben. Angespuckt werdet ihr zum Glück eher selten, aber die Tiere setzen sich gerne hin oder bleiben stehen, wenn ihr drängelt oder zu schnell seid.

3. Ein Varieté besuchen

Das Varieté ist eine bunte Mischung aus Musik, Comedy und Artistik. Allerdings ist das Varieté mehr als nur ein Kompromiss für alle, die sich mal wieder über die Abendgestaltung nicht einig werden können, sondern eine eigene Kunstform, die in den Pariser Salons des 19. Jahrhunderts ihren Höhepunkt hatte. Ich hoffe, ich konnte euch mit diesen wenigen Worten bereits neugierig machen. Probiert es aus!

4. Einen Tag im Wellness-Spa verbringen

Entspannungsmodus an: Lasst euch gemeinsam durchkneten und genießt die wohlige Wärme in der Sauna. Ihr hab es euch verdient!

5. Einen romantischen Segeltörn machen

Sailing away, und wenn ihr mögt sogar in den Sonnenuntergang hinein. Angebote für derartige Segeltrips findet ihr nicht nur an der türkischen Riviera, sondern auch an heimischen Gewässern. Natürlich braucht ihr, sofern keiner von euch einen Segelschein hat, eine fachkundige Begleitung, aber die denkt ihr euch mit etwas Fantasie einfach weg.

6. Eine Übernachtung in einem Baumhaus

Habt ihr in jungen Jahren auch immer davon geträumt, ein Baumhaus euer Eigen zu nennen? Nun ja, die Kindheit ist mittlerweile vielleicht ein paar Jahre her. Der Traum von einer Übernachtung im Baumhaus dafür aber zum Greifen nah. Mittlerweile gibt es mehrere Baumhaushotels in Deutschland, von spartanisch bis luxuriös.

7. Ein Krimidinner zu Hause veranstalten

Trommelt ein paar Freunde zusammen und löst bei einem leckeren Dinner einen spannenden Kriminalfall. Jeder Mitspieler schlüpft hierbei für einen Abend in eine Rolle. Im Laufe des Abends werden immer neue Indizien und Verstrickungen offengelegt. Findet ihr heraus, wer von euch der Täter ist?

8. Eine Krimidinner-Veranstaltung besuchen

Ihr möchtet die Organisation eines Krimidinners lieber anderen überlassen? Dann besucht doch mal eine Krimidinner-Veranstaltung. Schauspieler inszenieren hierbei einen packenden Kriminalfall, während ihr als Gäste mittendrin seid und wild spekulieren dürft, wer denn nun der Täter ist.

9. Sushi selber machen

Ihr liebt Sushi? Dann dürftet ihr mir sicher zustimmen, dass ein Besuch im Sushi-Restaurant nicht gerade günstig ist. Wieso also nicht einmal Sushi selber machen? So kompliziert ist das mit dem Rollen gar nicht, versprochen! Wenn ihr eure Sushi-Skills perfektionieren wollt, könnt ihr das Zubereiten der japanischen Delikatesse unter professioneller Anleitung in einem Sushi-Kochkurs lernen.

10. An einer Weinbergwanderung teilnehmen

Urlaub in einem Weinanbaugebiet ist schon was Feines. Nicht nur wegen der kulinarischen Genüsse und der vorzüglichen Weine. Auch die Berglandschaft ist ein faszinierendes Naturerlebnis. Während ihr so durch die Weinberge wandert, erfahrt ihr mehr über die Arbeit eines Winzers und die verschiedenen Weinsorten.

> **Tipp:** Die beste Zeit für eine Wanderung durch die Weinberge ist ab Mitte September, kurz vor oder während der Weinlese.

Die 13 Weinanbaugebiete Deutschlands

- Ahr
- Baden
- Franken
- Hessische Bergstraße
- Mittelrhein
- Mosel
- Nahe

- Pfalz
- Rheingau
- Rheinhessen
- Saale-Unstrut
- Sachsen
- Württemberg

11. Eine Schneeschuhwanderung machen ♣❤❄

Schneeschuhwandern ist der ideale Wintersport für euch, wenn ihr als Anfänger im Gegensatz zum Ski- oder Snowboardfahren nicht erst einen Kurs besuchen wollt. Ein weiterer Benefit: Beim Schneeschuhwandern begebt ihr euch abseits der belebten Pisten und genießt die verschneite Winterlandschaft in Slow Motion.

12. Einen Pralinen-Kurs machen ✎

Ihr seid so richtige Naschkatzen? Dann lasst euch gemeinsam in die hohe Kunst der Pralinenherstellung einweisen. Nebenbei erfahrt ihr noch allerhand Wissenswertes über Mozartkugeln und Co.

13. Wasserski fahren ❤☀

Wasserski ist an heißen Sommertagen die ideale Kombination aus Abkühlung und sportlicher Betätigung. Ganz so einfach ist es dann allerdings doch nicht: Ihr werdet euch gerade am Anfang vermutlich nur kurz auf den Brettern halten können. Aber darum geht es auch gar nicht. Verbringt gemeinsam einen lustigen Nachmittag und dreht ein paar lustige Erinnerungsvideos für die Nachwelt.

14. Mit zerrissenen Jeans und Blumen im Haar durch San Francisco spazieren 📷 😊

Die Blumen und die zerrissenen Jeans könnt ihr natürlich auch weglassen. Aber Udo Jürgens und Scott McKenzie haben schon recht, dass San Francisco (auch heute noch) ein ganz besonderes Flair umgibt. Welche Weltstadt kann schon von sich behaupten in eine traumhafte Naturlandschaft eingebettet zu sein, feine Sandstrände sein Eigen zu nennen und gleichzeitig vor kultureller Vielfalt und Ideengeist nur so zu strotzen.

15. Einen Tag in einem Thermalbad verbringen ♨ ❄

Schon bei den Römern gab es einen regelrechten Kult um Thermalbäder. Aus gutem Grund: Das Wasser aus Thermalquellen ist reich an Mineralien, was besonders wohltuend sein soll. Nebenbei ist das mollig warme Wasser insbesondere zur kalten Jahreszeit eine Wohltat.

16. Einen Wildblumenstrauß pflücken 🌳 💶 ⏱

Ein Strauß wilder Blumen ist nicht nur um ein Vielfaches günstiger als ein Strauß Rosen aus dem Blumenladen, sondern erinnert auch an einen gemeinsamen Nachmittag in der Natur.

Wichtig: Nehmt dabei Rücksicht auf die Natur. Blumen, die in Naturschutzgebieten wachsen oder gar unter Artenschutz stehen, sind tabu. Achtet darauf, nicht blindlings alle Pflanzen um euch herum zu zertreten und lasst die Wurzeln im Boden. So hat die Pflanze eine Chance sich wieder zu erholen.

17. An einer Weinverkostung teilnehmen 🍷

Bei einer Weinverkostung geht es darum, verschiedene Weine kennenzulernen. Also die ideale Gelegenheit, um verschiedene Weinregionen und Rebsorten genauer unter die Lupe zu nehmen. Neben der Verkostung bekommt ihr noch spannende Hintergrundinfos zu den Weinen und könnt eure Lieblingsweine natürlich hinterher auch käuflich erwerben.

18. Einen ganzen Tag mit der Einweg-Kamera dokumentieren 😀 💶

Euer Alltag ist nicht der Rede wert? Und ob! In einigen Jahren oder Jahrzehnten sind diese Fotos Gold wert.

19. Gemeinsam eine Personaltrainer-Stunde nehmen 💪

Investiert gemeinsam in eine Personaltrainer-Stunde und erhaltet jede Menge Tipps für euer Training. Egal ob ihre gerade erst anfangt oder bereits regelmäßig trainiert. Fragt euren Trainer doch mal nach Partnerübungen, die ihr gemeinsam zu Hause machen könnt.

20. Das Restaurant mit der schlechtesten Tripadvisor-Bewertung in eurer Stadt besuchen 😀👅

Essen schmeckt nicht, völlig überteuert, lange Wartezeiten - normalerweise würdet ihr bei solchen Bewertungen einen riesigen Bogen um die betreffende Lokalität machen. Diesmal aber nicht. Besucht das Restaurant mit den schlechtesten Bewertungen in eurer Umgebung und macht euch einen Spaß daraus zu prüfen, ob die Bewertungen gerechtfertigt sind. Falls nicht, lasst dem Betreiber doch eine nette Bewertung da. Falls doch: Ihr hattet euren Spaß und wisst, wohin ihr garantiert nicht noch einmal gehen werdet.

21. Eine Kanutour machen 🌳🐦☀

Entdeckt eine fremde Umgebung doch einmal aus einer anderen Perspektive. Zum Beispiel vom Wasser aus. Lauscht dem Zwitschern der Vögel und beobachtet den einen oder anderen Wasserbewohner. Spätestens am Abend werdet ihr dann merken, dass ihr nebenbei ganz schön sportlich unterwegs gewesen seid.

22. Ein romantisches Candle-Light-Dinner buchen ❤✏

Ein Candle-Light-Dinner ist der Inbegriff von Romantik. Verbringt gemeinsam einen gemütlichen Abend im Kerzenschein, blickt euch tief in die Augen und lasst euch kulinarisch verwöhnen.

23. Wwoofing 🧳(💶)

Wwooof what? Hinter diesem nach Hundelauten klingenden Begriff (= Willing workers in organic farms) verbirgt sich eine Organisation, die Bio-Bauernhöfe und Menschen, die gegen Kost und Logis etwas mit anpacken wollen, zusammenbringt. So habt ihr nicht nur die Möglichkeit, günstig zusammen zu verreisen, sondern kommt a) mit Einheimischen und Wwoofers aus anderen Ländern zusammen und tragt b) euren Teil zu einer nachhaltigeren Welt bei.

24. Einen Trampolinpark besuchen 😊🤸

Ihr müsst kein Kind sein, um in einem Trampolinpark auf eure Kosten zu kommen. Parcours, Dodge Ball-Felder und Co. sorgen dafür, dass euch garantiert nicht langweilig wird. Vielmehr werdet ihr schnell merken: Das Springen erfordert ganz schön Kondition und sorgt im Handumdrehen für müde Beinmuskeln.

25. Eine Reise nach Disneyland ♥🧳

Verbringt gemeinsam ein paar Tage voller Magie und erfahrt, welcher der persönliche Disneyheld des anderen ist. Werft vor eurem Besuch unbedingt einen Blick in den Veranstaltungskalender und prüft, ob eure Lieblingsattraktion nicht gerade wegen Wartungs- oder Umbauarbeiten geschlossen ist.

26. Houserunning – Eine Hauswand herunterspazieren 🕊

Stellt euch vor, ihr steht auf dem Dach eines Hochhauses. Der Abgrund vor euch. Jetzt sollt ihr euch allen Ernstes nach vorne beugen, gehalten von einem Seil, das viel zu dünn aussieht. Habt ihr diesen Schritt gewagt, ist eigentlich das Schlimmste überstanden. Jetzt lauft/springt/gleitet ihr nur noch die Hauswand herunter, bis ihr wieder waagerecht steht. Wer traut sich als Erstes?

• •
Erfahrungsbericht Houserunning

Was macht man, wenn der Bungee- oder Fallschirmsprung für den Anfang eine Hausnummer zu groß ist? Genau, nach etwas risikoärmeren Alternativen mit einer Prise weniger Nervenkitzel umschauen. Houserunning erschien uns da genau richtig: überschaubare Höhe, kein Fall-Gefühl und die Gurte kennen wir schon aus der Kletterhalle.

Trotzdem war uns bewusst: Nicht rückwärts, sondern frontal eine Hauswand herunterzugehen, wird das Nervenkostüm ganz schön fordern. So verlief die Fahrt nach Köln dann auch recht schweigsam. Keiner von uns hatte sich zuvor das betreffende Gebäude angeschaut (manchmal ist so wenig Vorbereitung wie möglich einfach besser). Die immer höher werdenden Gebäude im Kölner Stadtteil Deutz ließen allerdings erahnen, worauf wir uns eingelassen hatten.

Am Hotel angekommen waren wir erst einmal erstaunt, dass das Gebäude gar nicht so hoch ist. Bei den Läufern, die munter an der Hauswand nach unten hüpften, sah das Ganze auch nicht so wild aus.

Das alles doch nicht so easy-peasy wird, dämmerte uns aber spätestens, als wir oben auf dem Dach ankamen. Normalerweise hätten wir aus der Perspektive eher die Kölner Skyline inklusive Kölner Dom bestaunt. Stattdessen ging der Blick auf die Straße vor dem Hotel, die auf einmal unendlich weit weg schien. Schaukelte das Gebäude nicht auch irgendwie und waren die dünnen Seile wirklich auf das Gewicht von erwachsenen Menschen ausgelegt?

Die etwas zu fröhlichen Mitarbeiter waren zwar bemüht, uns durch Small Talk abzulenken, aber unsere Gedanken drehten sich um die bevorstehende Mutprobe. Dass wir als Letzte bzw. Vorletzter an der Reihe waren, hat die Aufregung noch einmal gesteigert. Dass keiner der anderen Teilnehmer einen Rückzieher gemacht hat, beruhigte und machte nervös zu gleich.

Das Ende der Geschichte: Wir haben uns beide getraut! Nachdem die erste nervenaufreibende Hürde genommen war (über den Abgrund beugen und ins Seil hängen lassen), hat es sogar Spaß gemacht, an der Hauswand auf und ab zu hüpfen. Leider war der Lauf dann nach ein paar Sekunden auch schon wieder vorbei. Der Stolz und die Freude darüber, diesen Nervenkitzel gemeinsam erlebt zu haben, hält allerdings bis heute an.

Warum ihr Houserunning als Paar wagen solltet:
Außer als mentaler Mutmacher, dem anderen zur Seite zu stehen, macht ihr beim Houserunning auf den ersten Blick wenig gemeinsam. Ihr lauft nicht nur zeitlich versetzt, sondern schaut beim Lauf des anderen wahlweise von oben oder unten zu (Ausnahme: Einige Anbieter bieten gemeinsame Läufe für Freunde und Paare an). Nichts da mit gegenseitig sichern.
Und doch hat jeder von euch dieselbe adrenalingewaltige Erfahrung gemacht. Ihr habt erlebt, wie mulmig die Minuten vor dem Lauf sind und wie ihr euch gefühlt habt, als ihr von der Hochhauskante nach unten geblickt habt. Euren Freunden und Bekannten könnt ihr nur erzählen, wie ihr das Event erlebt habt, mit eurem Partner aber verbindet euch eine gemeinsame Erfahrung.

• •

27. Die Schwerkraft beim Bodyflying überwinden

Erfüllt euch den Traum vom Fliegen, wenn auch nur für einige Minuten. Beim Bodyflying werdet ihr in einem vertikalen Windtunnel mit Windgeschwindigkeiten von bis zu 270 km/h in die Luft gewirbelt. Vergleichbar mit einem Fallschirmsprung, nur dass der sichere Boden nicht ganz so weit weg ist.

28. Einen Hochseilgarten besuchen ♣♥⚹

Hochseilgärten halten nicht ohne Grund häufig für Teambuilding-Maßnahmen her. In luftiger Höhe motiviert ihr euch an den verschiedenen Stationen gegenseitig und helft dem anderen, seine Angst zu überwinden.

29. Mit einem Oldtimer fahren 🎬☀☘✤

Ford Mustang, Chevrolet, Cadillac oder doch ein Käfer – welcher Oldtimer ist euer Traumauto? Mietet euch einen Oldtimer und genießt einen Nachmittag voller Nostalgie.

30. Gemeinsam eine Sprache lernen €☻

Ihr fahrt jedes Jahr in diesen kleinen spanischen Ort oder den Campingplatz an der polnischen Ostsee? Dann lernt doch gemeinsam die Sprache ein wenig. Im nächsten Urlaub könnt ihr euch dann viel besser verständigen und punktet bei den Einheimischen.

31. Einen Standard-Tanzkurs besuchen und auf einem Ball tanzen ❗♥

Walzer, Cha-Cha-Cha und Rumba – braucht man das heutzutage noch? Aber sicher! Nicht erst seit Let's Dance haben Gesellschaftstänze ein kleines Revival hingelegt. Nebenbei hält Tanzen fit, macht Spaß und ihr lernt im Kurs jede Menge neue Leute kennen.

32. Am Strand reiten ♣♥

Ein einsamer Strand, die langsam untergehende Sonne, nur ihr beide und zwei Pferde, auf deren Rücken ihr im Galopp über den Strand rast – ein Traum. Aber Moment. Muss man dafür nicht erst reiten lernen? Sicher, aber in eurem nächsten Urlaub könnt ihr einfach das Angenehme mit dem Angenehmen verbinden und Reitstunden nehmen. Es muss ja nicht gleich der Galopp sein. Auch ein ruhiger Ausritt tut dem Erlebnis keinen Abriss.

33. Ins Theater gehen
Warum ins Theater gehen, wenn die Special Effects im Kino viel mehr Wumms haben? Guter Einwand! Um es kurz zu machen: Theater ist live! Theater muss nicht teuer sein! Theater ist gesellschaftskritisch! Und zu guter Letzt: Theater ist etwas für jeden! Es muss nicht immer Shakespeare sein. Viele Aufführungen (z. B. Sebastian Fitzeks Thriller) sind mindestens so spannend wie auf der Leinwand.

34. An einer Rafting-Tour teilnehmen
Es gibt viele Möglichkeiten, atemberaubende Naturlandschaften zu entdecken. Einer der rasantesten: eine Rafting-Tour. Je nach Region findet ihr unterschiedliche Angebotspakete mit Übernachtung oder als Kombi mit anderen Aktivitäten wie Klettern oder Mountainbiken.

35. Unterm Mistelzweig küssen
Ein Kuss unterm Mistelzweig verheißt Glück und ewige Liebe. Ein glückliches Paar seid ihr natürlich jetzt schon, aber Traditionen sind dazu da, um sie fortzuführen. Also haltet in der Weihnachtszeit die Augen offen. Bis heute hängen in vielen Häusern in der Weihnachtszeit Mistelzweige in Türrahmen.

36. Kart fahren
Na, wer von euch ist der bessere Autofahrer? Beim Kartfahren erfahrt ihr zumindest, wer der größere Raser ist, wenn ihr mit bis zu 75 km/h durch die Kurven rast und euch ein actionreiches Rennen liefert.

37. An einen Cocktail-Kurs teilnehmen
Taucht ein in die Welt der Cocktailkunst und lernt die wichtigsten Handgriffe und Tipps in einem professionellen Cocktail-Kurs. Den nächsten Caipirinha, Mojito oder Mai Tai könnt ihr dann gemütlich auf Sofa oder Balkon genießen.

38. Paintball spielen
Ihr wollt wissen, wie es ist, wenn das Adrenalin nur so durch eure Adern schießt? Dann ab zum Paintball! Als eingeschworenes Team pirscht ihr euch an eure Gegner heran und nehmt sie mit Farbkugeln unter Beschuss.

39. Ins Autokino fahren ♥🧳⏱

Ein Besuch im Autokino ist die perfekte Mischung aus bewährtem Kinoerlebnis und trauter Zweisamkeit. Alles, was ihr dafür braucht, ist ein fahrbarer Untersatz und ein Autoradio bzw. euer Smartphone. Und das Beste: Ihr dürft euch eure eigenen Getränke und Snacks mitbringen. Wie wäre es im Winter mit einem warmen Kakao oder im Sommer mit eurem Lieblingsbier in einer Kühlbox? Perfekt, oder? In den Autokinos in Essen und Köln könnt ihr sogar stilecht in einem 50-er Jahre Diner Burger verdrücken.

40. Mit einem Trabi durch Berlin fahren 📷🧳😊

Der Trabant, liebevoll Trabi genannt, ist das Kultauto der DDR. Bucht euch gemeinsam die kultige „Rennpappe" und lernt die Geschichte der geteilten Stadt kennen. Alternativ gibt es auch begleitete Touren, bei denen ihr im Konvoi durch die Stadt fahrt.

41. Gemeinsam die 16 Summits erklimmen 🌲💕📷

Alle 16 Bundesländer einmal besuchen (oder zumindest mal kurz durchfahren) kann jeder. Auf euch wartet eine größere Herausforderung: Erklimmt gemeinsam alle 16 Summits. Gemeint sind die jeweils höchsten Berge in allen Bundesländern. Während ihr in Bremen dafür nur 32,5 m Höhenmeter überwinden müsst, ist die bayrische Zugspitze mit 2962 m schon eine ganz andere Hausnummer.

Bundesland	Berg	Höhe
Baden-Württemberg	Feldberg	1493 m
Bayern	Zugspitze	2952 m
Berlin	Erhebung der Arkenberge	102,7 m
Brandenburg	Kutschenberg	201 m
Bremen	Erhebung im Friedhofspark	32,5 m
Hamburg	Hasselbrack	116,2 m
Hessen	Wasserkuppe	950 m
Mecklenburg-Vorpommern	Helpter Berg	179,2 m
Niedersachsen	Wurmberg	971,2 m

Nordrhein-Westfalen	Langenberg	843,2 m
Rheinland-Pfalz	Erbeskopf	816,3 m
Saarland	Döllberg	695,4 m
Sachsen	Fichtelberg	1214,8 m
Sachsen-Anhalt	Brocken	1141,2 m
Schleswig-Holstein	Bungsberg	167,4 m
Thüringen	Großer Beerberg	982,9 m

42. Ein Virtual-Realitiy-Erlebnis buchen

Virtual Reality scheint überall auf dem Vormarsch zu. Neugierig? Dann zieht die Brille auf und entdeckt gemeinsam virtuelle Welten. Wie wäre es zum Beispiel, wenn ihr Seite an Seite gegen eine Armee von virtuellen Zombies kämpft?

43. Eine Kräuterwanderung machen

Was wächst da eigentlich so am Wegesrand? Bei einer geführten Kräuterwanderung erfahrt ihr, welche essbaren Wildpflanzen vor eurer Haustür auf euch warten. Im Anschluss habt ihr die perfekte Grundlage, um euch durch die Welt der Wildkräuter-Rezepte zu probieren.

44. Stadtführung oder -rundfahrt in der eigenen Stadt machen

Ihr fragt euch jetzt vermutlich, welchen Sinn es hat, wenn ihr doch tagtäglich durch die Innenstadt eurer Stadt schlendert? Doch seid mal ehrlich: Vermutlich wisst ihr seit eurer Rundfahrt durch den Hamburger Hafen mehr über die Geschichte der Hansestadt als über die eures Wohnortes. Zeit, dies zu ändern! Mit einer Stadtführung durch eure Stadt erlebt ihr eure Heimat aus einer ganz neuen Perspektive und werdet beim nächsten Spaziergang Altbekanntes mit neuen Augen sehen. Falls ihr jetzt Bedenken habt, ob so etwas in eurer Kleinstadt oder in eurem Dorf überhaupt angeboten wird, schaut mal auf die Webseite eurer Stadt, ins VHS-Programm oder fragt bei kleineren Wohnorten gerne auch den örtlichen Heimatverein.

45. Eine Schlittenhundefahrt machen♣❄

Nehmt die Zügel in die Hand und lasst euch den eisigen Fahrtwind um die Ohren wehen, während euch ein Husky-Gespann durch den Schnee zieht. Hierzu müsst ihr nicht zwingend nach Skandinavien reisen. Auch in Deutschland werden im Winter an einigen Orten Schlittenhundefahrten angeboten.

46. Euch vor dem Taj Mahal ewige Liebe schwören📷♥

Das gewaltige Mausoleum, welches Großmogul Shah Jahan zum Gedenken an seine Lieblingsfrau erbaut hat, ist ein beliebtes Reiseziel indischer Flitterwöchner. Der Besuch des UNESCO-Weltkulturerbes soll die gegenseitige Liebe bestärken und unaufhörlich machen. Mit Sicherheit werdet ihr, gerade zum Sonnenaufgang, auch den ein oder anderen Heiratsantrag mitbekommen. Auch ohne tiefergreifende romantische Veranlagung lohnt es, sich einen Blick auf dieses prächtige Symbol der unsterblichen Liebe zu werfen. Immerhin gehört das Taj Mahal zu den sieben neuen Weltwundern.

47. Erdbeeren pflücken ♣✏⏱💶❀

Wie oft seid ihr schon an einem Erdbeerfeld zum Selberpflücken vorbeigefahren? Haltet beim nächsten Mal doch einfach an. Erdbeeren frisch vom heimischen Feld schmecken viel besser als das Pendant aus dem Supermarkt. Versprochen! Und günstiger ist es obendrein, diese selber zu pflücken. Wenn ihr nicht vorher schon alle Erdbeeren vernascht habt, macht doch leckere Erdbeermarmelade, einen Kuchen oder Erdbeer-Limes aus eurer Ausbeute.

48. Auf einem Reifen durch wilde Gewässer sausen 🌊♣🐓

Tubing ist der neueste Trend unter den Wildwasser-Sportarten. Bei diesem wahnwitzigen Unterfangen stürzt ihr euch, natürlich mit Schutzausrüstung, in einem Gummireifen einen wilden Bach herunter. Wenn euch das Ganze dann doch eine Nummer zu heftig ist, gibt es auch eine Light-Version. In einigen Aquaparks könnt ihr euch in Gummireifen mit Vollgas über einen See ziehen lassen.

49. Eine Quadtour machen ☻

Wie wohl das Fahrgefühl auf einem Quad ist? Findet es gemeinsam heraus! Egal ob ihr zunächst nur eine Schnupper-Tour oder direkt die Offroad-Tour über Kies, Sand und Schotter bucht, die Fahrt auf dem „Ackermotorrad" wird euch mit Sicherheit in Erinnerung bleiben. Was ihr für eine Quadtour braucht: Einen gültigen PKW-Führerschein, festes Schuhwerk und Lust auf ganz viel Nervenkitzel.

50. Einen Tauchkurs machen ♣ ☙ ❗

Taucht unter und entdeckt gemeinsam die wunderbare Unterwasserwelt. In einem Tauchkurs lernt ihr die Grundprinzipien des Tauchens in Theorie und Praxis kennen. Mal schauen, vielleicht seid ihr so begeistert, dass ihr danach sogar den Tauchschein macht und künftig auf eigene Faust auf Erkundungstour abtaucht.

51. Gemeinsam aus einem Labyrinth finden ♣ ☻ € ⏱

Ob Mais-Labyrinth, klassisches Hecken-Labyrinth oder Grusel-Labyrinth, irrt gemeinsam umher und versucht eine Struktur zu erkennen. Wie schnell findet ihr wieder raus?

52. Einen Salsa-Kurs belegen ♥ ☙ ❗

Jetzt wird's heiß! Salsa steht für Sinnlichkeit und pure Lebensfreude. Die Grundschritte und einfachen Drehungen sind schnell gelernt und dann kann es auch schon losgehen. Eure erste Salsa-Party wartet auf euch. Keine Angst vor den waghalsigen Drehungen der alteingesessenen Tänzer. Die Salsa-Community ist super nett. Anfänger sind ausdrücklich willkommen.

53. Einen Heimwerker-Kurs belegen

In eurer Wohnung steht demnächst ein handwerkliches Projekt an und ihr überlegt, dafür einen Profi zu engagieren? Dann haltet noch mal inne. Neben den bekannten Ladies Nights in vielen Baumärkten (lesbische Paare sind hier klar im Vorteil), gibt es auch Kurse an Wochenenden, die von beiden Geschlechtern besucht werden können (oftmals kostenlos). Stellt euch vor, wie ihr mit stolzgeschwellter Brust euren Gästen das selbst gefliese Bad oder die Trockenbauwand präsentieren könnt. Das gesparte Geld könnt ihr dann in eure Bucket List investieren ☺

54. Einen Aktivurlaub machen

Am Hotelpool liegen kann jeder! Ob Kanufahren in Schweden, Wandern auf Kreta oder doch lieber Radfahren in Bayern. Völlig egal: Erkundet beim nächsten Mal die Landschaft per Boot, zu Fuß auf dem Rücken eines Pferdes.

55. Gemeinsam eine Reise auf Instagram faken

Seid ihr von der perfekten Instagram-Welt, in der jeder scheinbar dauerglücklich und im Urlaub ist, auch so genervt? Dann macht euch doch gemeinsam einen Spaß draus und arbeitet euch etwas in Photoshop ein, um eine luxuriöse Weltreise zu faken. Es ist sogar erstaunlich einfach, euch beide mitten in die Wüste, auf den Mount Everest oder die Malediven zu befördern.

56. Eine Sommerrodelbahn heruntersausen

Rodeln ist kein Privileg der kalten Jahreszeit. Sommerrodelbahnen sorgen für Rodelspaß ganz ohne kalte Hände und nasse Füße. Dabei macht Sommerrodeln mindestens so viel Spaß wie Schlittenfahren im Winter. Probiert es aus!

57. Das Ballett „Der Nussknacker" besuchen

Statt euch in der Adventszeit Weihnachtsfilme auf Netflix anzuschauen, lasst euch doch einmal vom Nussknacker verzaubern. Das wohl beliebteste Ballett wird in der Weihnachtszeit in vielen Städten aufgeführt.

58. Einen Tandem-Bungeesprung wagen

Ich gebe zu: Diese Idee verlangt nicht nur ein bisschen Mut, sondern treibt euren Adrenalin-Pegel vermutlich in unbekannte Höhen. Bei einem Tandem-Sprung steht ihr den ganzen Nervenkitzel zumindest nicht allein durch, sondern stürzt euch gemeinsam in den Abgrund. Ein Erlebnis, welches ihr sicher nicht so schnell vergessen werdet.

59. Unter Wasser küssen und davon ein Foto machen

Küsse unter Wasser sehen auf Fotos oder in Filmen immer so romantisch aus? Probiert es aus! Wie fühlt sich ein Kuss unter Wasser an? Bekommt ihr ein Foto hin, auf dem ihr nicht komisch ausseht?

60. Beim Floating entspannen

Wenn ihr schon nicht einfach eben so ans Tote Meer fahren könnt, legt euch doch gemeinsam in ein Schwebebad. Konzentriertes Salzwasser lässt euch schwerelos an der Wasseroberfläche treiben. Vergesst dabei für einen Moment euren stressigen Alltag und füllt gemeinsam eure Energiereserven wieder auf.

61. Für eine Realityshow bewerben

Schaut mal auf die Webseiten der einschlägigen Sender. Für welches trashige Format werden aktuell wieder Freiwillige gesucht? Natürlich wollt ihr nicht wirklich teilnehmen (oder vielleicht doch?), aber macht euch einen Spaß draus die Bewerbung auszufüllen und schaut, wie weit ihr kommt.

62. Ins Planetarium gehen

Meistens ist es in der Großstadt viel zu hell, um den Sternenhimmel in voller Pracht zu beobachten. In einem Planetarium wird nicht nur der aktuelle Sternenhimmel an die Leinwand projiziert. Je nach Veranstaltung bekommt ihr seltene Himmelsphänomene, ferne Galaxien oder romantische Sonnenaufgänge zu sehen.
Extra-Tipp: Einige Planetarien wie das Zeiss-Planetarium in Jena bieten romantische Mondscheindinner an

63. Eine Fahrradtour mit anschließendem Picknick unternehmen♣♥▣⏱

Die Idee klingt so simpel, dass ihr euch sicher wundert, warum ihr noch nicht losgezogen seid. Immerhin erwartet euch die perfekte Mischung aus Spontaneität, Bewegung an der frischen Luft und entspannter Zeit zu zweit.

64. Einen Backpacking-Trip machen📷

Wenn euch eine intensive Backpacking-Tour nicht zusammenwachsen lässt, was dann? Ihr werdet nicht nur sehr, sehr viel Zeit miteinander verbringen, sondern auch Herausforderungen zusammen meistern und einen unglaublichen Schatz an gemeinsamen Erlebnissen sammeln.

65. Einen Wellness-Tag zu Hause machen 🕯⏱▣

Ein Wellnesstag kann ganz schön ins Budget gehen. Die Lösung: Verlegt die Wellness-Auszeit in eure eigenen vier Wände. Was würde euch jetzt guttun? Mögliche Programmpunkte könnten ein ausgedehntes Frühstück, ein Schaumbad, eine Yoga- oder Meditationssession, gegenseitige Massagen oder eine selbst gemachte Gesichtsmaske sein.

66. Moonlight-Minigolf spielen☺

Wenn euch beim normalen Minigolf langsam etwas langweilig wird, taucht doch mal beim Moonlight-Minigolf in eine faszinierende Schwarzlichtwelt ab und spielt eine Runde Minigolf, wie ihr es noch nicht erlebt habt.

67. Fotos in einer Fotokabine machen ☺▣⏱

Der Klassiker: Quetscht euch gemeinsam in eine Fotokabine und drückt den Auslöser. Entweder blickt ihr euch ganz romantisch in die Augen oder ihr nutzt die Gunst der Stunde zum Grimassenziehen.

68. Ein Kräuterbeet anlegen ♣✐

Es geht doch nichts über einen frischen Minztee oder eine Pizza mit Rucola. Damit ihr dafür nicht immer zum Markt schlendern oder in den Supermarkt fahren müsst, legt doch gemeinsam ein Kräuterbeet an. Hierfür reicht schon eine Fensterbank in der Küche.

69. Dart spielen

Auf in die nächste Kneipe. Die Dartscheibe wartet auf euch! Falls ihr die Dartregeln nicht kennt oder Probleme mit der Bedienung der Dartscheibe habt, ist euch sicher der ein oder andere Stammgast behilflich.

70. Ein Partner-Horoskop erstellen lassen

Ihr glaubt nicht an den Wahrheitsgehalt von Horoskopen? Kein Problem! Somit habt ihr die beste Voraussetzung für ein eben solches Horoskop erfüllt. Wenn ihr die astrologischen Empfehlungen für eine harmonische Paarbeziehung nicht für bare Münze nehmt, kann es interessant sein, was eure Geburtsdaten über eure Beziehung aussagen sollen.

71. Töpfern

Lasst mich raten: Ihr denkt bei diesem Vorschlag vermutlich auch als Erstes an die Töpferszene aus dem Film „Ghost – Nachricht von Sam". Ganz so romantisch wird euer Töpfererlebnis vermutlich nicht. Zumindest dann nicht, wenn ihr einen Kurs besucht. Allein zu Hause wird es nämlich etwas schwierig. Zum einen ist es anfangs gar nicht so einfach, mit einer Töpferscheibe klarzukommen. Zum anderen braucht euer Kunstwerk Temperaturen von 800 Grad, um gebrannt zu werden.

72. Eis selber herstellen

Das Erdbeer-Eis in der Eisdiele ist euch nie wirklich fruchtig genug? Ihr stellt euch beim Essen eurer Lieblingsschokolade vor, dass sie sich an heißen Tagen perfekt als Eis machen würde? Dann wird es Zeit, die eigene Eisproduktion zu starten. Ein weiterer Vorteil: Ihr wisst, was im Eis drin ist und könnt auch regionale und Bio-Produkte verwenden oder eine vegane Eiskreation herstellen. Wenn ihr euch keine Eismaschine holen wollt, gibt es im Internet genug Anleitungen, die ohne auskommen.

73. In einem Strandkorb schlafen ♣♥☀

Während alle anderen Gäste abends den Strand verlassen, bleibt ihr diesmal einfach da. An Nordsee und Ostsee gibt es zahlreiche Anbieter, die Übernachtungen in Strandschlafkörben anbieten. Oftmals mit Extras wie einem zubuchbaren Frühstück. Bei gutem Wetter könnt ihr die ganze Nacht Sterne schauen und kuscheln oder ihr lasst euch behutsam vom sanften Meeresrauschen in den Schlaf wiegen. Am nächsten Morgen wecken euch die ersten Sonnenstrahlen. Der Strand ist jetzt noch menschenleer. Ideal um noch einmal durchzuatmen und die Stille zu genießen.

74. Ein Open-Air-Kino besuchen 🎭 €

Love is in the air – was gibt es Schöneres, als in einer lauen Sommernacht mit dem oder der Liebsten einen Film unter freiem Himmel zu schauen? Entweder ihr habt mit Leinwand und Beamer zu Hause die Möglichkeit oder ihr besucht eines der zahlreichen Open-Air-Kinos, die im Sommer wie Pilze aus dem Boden sprießen. Schaut euch ruhig etwas um. Open-Air-Kinos sind so unterschiedlich wie die Auswahl im Pralinengeschäft. Während einige Kinos den ganzen Sommer über Programm zeigen, sind andere nur an wenigen Abende geöffnet. Die Kulissen reichen über Hinterhöfe bis hin zum Strand, stillgelegten Industriedenkmälern oder Schlössern.

75. Ein Bootcamp überstehen ♥

Zwischendrin werdet ihr euch vermutlich anblicken und fragen, warum ihr euch das eigentlich angetan habt und einer Idee aus irgendeinem Buch gefolgt seid. Jetzt pusht euch so ein bulliger Typ und es hat auch noch angefangen zu regnen. Toll! Aber haltet durch. Hinterher werdet ihr merken, wie intensiv das Training eigentlich war und das ganz ohne stickiges Fitnessstudio. Wenn ihr etwas länger durchhaltet, werdet ihr auch bald Erfolge bemerken.

76. Eine Schlauchboot-Tour machen ♥♣

Schlauchboot-Tour ist nicht gleich Schlauchboot-Tour. Je nachdem, wonach euch ist, organisiert ihr euch einfach ein günstiges Schlauchboot und lasst euch auf dem örtlichen Badesee abseits der Massen fernab vom Ufer treiben. Oder aber ihr bucht, wenn ihr es etwas sportlicher mögt, eine organisierte Schlauchboot-Tour (z. B. auf dem Rhein oder der Isar). Häufig führen die Touren mit professioneller Begleitung durch idyllische Landschaften oder Sightseeing-Metropolen wie Köln und München.

Wenn ihr immer noch einen drauf setzen wollt und nach mehr Action verlangt, schaut euch Punkt 35 an.

77. Ein 3D-Fotoshooting machen☺

Fotos von euch beiden gibt es sicherlich wie Sand am Meer. Aber wie wäre es mit einem professionellen 3D-Fotoshooting? Den Scan kennt ihr bereits vom Flughafen. Als Ergebnis erhaltet ihr ein Abbild von euch beiden als 3D-Fotofigur, eure ganz persönlichen Minimes zum Anschmachten.

> **Tipp:** Ihr wollt die Erinnerung an einen ganz besonderen Tag festhalten (z. B. der Abschlussball, für den ihr euch so richtig in Schale geschmissen habt)? Dann bucht euer Shooting doch für diesen Tag und haltet die Erinnerung an diesen Tag in besonderer Weise fest.

78. Mit einem Schneemobil fahren❄♣✈

Was in Deutschland ein Freizeitvergnügen ist, ist in nordischen Ländern im Winter oft ein unverzichtbares Verkehrsmittel: das Schneemobil. Rast gemeinsam mit über 100 km/h durch verschneite Landschaften und genießt den eisigen Windhauch. Ihr könnt entweder zusammen auf einem Schneemobil fahren und die Landschaft bestaunen, während der andere fährt, oder jeder mietet einen eigenen fahrbaren Untersatz.

> **Tipp:** Da Schneemobile so einige PS unter der Haube haben, informiert euch, welche Bestimmungen (Führerschein, Mindestalter, Schutzkleidung, Versicherung) in dem jeweiligen Land und bei eurem Anbieter gelten.

79. An einem Erotic-Food -Kochkurs teilnehmen ✏️❤️

Manchen Lebensmitteln wie Austern, Chili, Ginseng oder Erdbeeren werden aphrodisierende Eigenschaften zugeschrieben. Neugierig? Erfahrt bei einem Erotic-Food-Kochkurs, welche Lebensmittel betörende Eigenschaften aufweisen und welch schmackhafte Mahlzeiten sich hieraus zaubern lassen.

80. Beim Pub-Quiz gewinnen 💶 😊

Ihr beide seid ein super Team und ergänzt euch perfekt? Dann verfügt ihr über ideale Voraussetzungen für die Teilnahme an einem Pub-Quiz. Tretet als Team an und zeigt den Stammgästen euer Können.

81. Ein Schwimmabzeichen machen 💙😊

Seepferdchen, Bronze oder Silber? Mit welchem dieser Schwimmabzeichen habt ihr in eurer Jugend nach dem verhassten Schwimmunterricht aufgehört? Falls ihr euch nicht erinnern könnt oder keines der Abzeichen gemacht habt, keine Sorge! Auch als Erwachsene könnt ihr Schwimmabzeichen erwerben. Fragt einfach mal den Bademeister. Die einzelnen Prüfungsleistungen erfahrt ihr auf der Webseite der DLRG. Für das bronzene Abzeichen wird beispielsweise Folgendes gefordert:

- Sprung vom Startblock/1-Meter-Brett
- Kopfsprung vom Beckenrand und 15 Minuten schwimmen
- Einen Gegenstand aus 2 m Tiefe holen
- Theoretische Kenntnisse der Baderegeln

Letzteres kann mit Sicherheit niemandem schaden. Nach bestandener Schwimmprüfung könnt ihr stolz im Partnerlook mit Schwimmabzeichen auf Bikini und Badehose herumlaufen.

82. Dem anderen ein Kleidungsstück stricken (oder häkeln)

Bereit für ein neues Lieblingskleidungsstück? Wie wäre es mit einem kuscheligen Schal oder einer stylishen Mütze mit viel Liebe vom Lieblingsmenschen gestrickt oder gehäkelt? Da wird einem doch direkt warm ums Herz. So kompliziert ist es gar nicht, versprochen! Anbieter wie *my boshi* liefern euch neben dem Material direkt die Anleitung mit.

83. Ein Whisky-Tasting besuchen

Das Wort Whisky kommt aus dem irischen und bedeutet so viel wie „Wasser des Lebens". Allein diese Umschreibung macht doch schon neugierig, mehr über die Welt der Whiskys zu erfahren. Bei einem Whisky-Tasting erfahrt ihr jede Menge über Whisky-Regionen, Herstellungsverfahren und einige neue Whiskys kennenlernen.

84. In einem Schloss übernachten

Sich einmal wie im Märchen oder einem Disney-Film fühlen – ein gar nicht so abwegiger Gedanke. Viele Schlosshotels bieten ihren Gästen die Möglichkeit, in königlichem Ambiente zu nächtigen und zu speisen.

85. An einem Ritteressen teilnehmen

Ein Candle-Light-Dinner ist euch viel zu etepetete? Ihr trinkt lieber Met als Champagner? Wenn dazu noch Mittelaltermärkte euer Ding sind, seid ihr bei einem Ritteressen so richtig wie Arthur an seiner Tafelrunde. Auf Tischmanieren wird meist eher etwas weniger Wert gelegt. Im Gegenteil: Rülpsen und Schmatzen sind ein eindeutiges Zeichen dafür, dass Speis und Trank euch munden.

Je nach Veranstalter werden die deftigen Speisen von einem authentischen Rahmenprogramm mit Gauklern und Spielleuten begleitet.

86. Einen Nachmittag im Hamam verbringen ♠♥

Um in den Genuss türkischer Wellnesstempel zu kommen, braucht ihr nicht in den Türkei-Urlaub zu fahren. Lasst euch in einem Hamam gemeinsam einseifen, abrubbeln und die wohlige Wärme genießen. Die allermeisten Hamams bieten extra Partnerpakete an. Das Tolle dabei: Nach einem Besuch im Hamam ist die Haut superweich.

87. Wurst selber herstellen✎

(Vegetarier bitte überspringen.) Was früher gang und gäbe war, macht heute kaum noch einer: Wurst selber herstellen. Dabei hat die eigene Wurstproduktion den entscheidenden Vorteil, dass ihr wisst, was in eurer Wurst drin ist. Überrascht eure Freunde beim nächsten Grillabend doch mit selbst gemachten Spezialitäten. Im Internet hat sich hierzu eine kleine Community gebildet, die bereitwillig Tipps gibt. Wenn ihr nicht gleich in Fleischwolf und Co. investieren wollt, schaut mal bei den Kochschulen in eurer Nähe, ob nicht Kurse angeboten werden.

88. Auf einem Kinderspielplatz toben☻

Wieso sollte es als Erwachsener keinen Spaß mehr machen, eine Rutsche herunterzusausen oder ein Klettergerüst zu erklimmen? Seid zusammen mal so richtig schön kindisch. Hinterher krönt ihr euren Ausflug dann mit einer gemischten Tüte vom Kiosk nebenan (Achtung: Die Preise sind mittlerweile deutlich gestiegen). Um die richtigen Kinder nicht zu verstören, sucht ihr euch natürlich eine Zeit, zu der die ganz Kleinen im Bett sind.

89. Eisbaden♣☻€❄

Wenn ihr Entspannungsbäder und die kuschelige Wärme einer Sauna liebt, lässt euch vermutlich schon der Gedanke an Wassertemperaturen um den Gefrierpunkt erschaudern. Doch das Gefühl nach einem eisigen Bad ist umso besser. Schon wenige Sekunden reichen aus, um euch einen ordentlichen Adrenalinstoß zu verpassen.

> **Tipp:** Gerade beim ersten Mal fühlt ihr euch wahrscheinlich unsicher. Je nach Dicke der Eisschicht ist es auch nicht gerade einfach, ein Loch in die Eisdecke zu schlagen. Schaut daher, ob es in eurer Nähe nicht einen Anbieter oder eine Veranstaltung zum gemeinsamen Eisbaden gibt.

90. Mit einer Draisine fahren

Draisinen sind so alt wie die Eisenbahn selbst. Die mit Muskelkraft betriebenen Laufräder (dem einen oder anderen Kind der 90er vielleicht aus Mario Party bekannt) bringen es auf bis zu 30 km/h. Früher für Wartungsarbeiten auf der Strecke genutzt, kann man auf vielen stillgelegten Bahnstrecken mittlerweile Draisinenfahrten buchen. Strampeln müsst ihr natürlich selbst. Dafür bekommt ihr aber – z. B. bei der 28 km langen Strecken zwischen Britz über Templin nach Fürstenberg (nördlich von Berlin) – so einiges zu sehen.

91. Hand in Hand Schlittschuhlaufen

Klirrend kalte Luft, die ersten Schneeflocken und eine spiegelglatte Eisbahn – perfekte Voraussetzung für eure ersten Versuche auf dem Eis. Bekommt ihr es hin, romantisch Hand in Hand Runden zu drehen oder reißt ihr euch alle paar Meter gegenseitig um? Wie auch immer, ihr werdet definitiv euren Spaß haben! Abgerundet wird euer Eisvergnügen mit einem Besuch auf dem Weihnachtsmarkt und einer wärmenden Tasse Glühwein.

92. Eine Kunstausstellung besuchen

Ihr habt so gar keine Ahnung von Kunst? Egal! Begebt euch entweder auf eigene Faust ins Museum oder bucht eine Führung, bei der ihr mehr über die Hintergründe der Künstler und Werke erfahrt.

93. Auf einen Maskenball gehen

Cinderella und der Prinz hatten hier ihren Romantik-Moment. Warum nicht auch ihr? Auch wenn ihr wisst, wer unter der Maske steht, seid ihr doch die Einzigen im Saal, die den jeweils anderen im Anschluss ohne Maske zu sehen bekommen.

94. Ein eigenes Cocktail-Rezept kreieren 🍹😊🌙

Mai Tai, Cosmopolitan oder Caipirinha … Gähn! Zeit für etwas Neues. Immerhin habt ihr es nach dem ganzen Testen und Herumprobieren nicht weit bis zum sicheren Bett.

95. Pub-Crawl 🍹😊

Ob in der eigenen oder in einer fremden Stadt – bei einem organisierten Pub-Crawl kommt ihr nicht nur in den Genuss einer angesagten Location, sondern lernt gleich mehrere beliebte Hotspots kennen. Ihr erspart euch hierbei die Suche nach den besten Bars und lernt auch noch neue Leute kennen – und ihr habt jemanden dabei, der euch daran erinnert, dass es langsam Zeit wird, weiterzuziehen.

96. Einen Kürbis schnitzen 🌙😊✹

Kürbisse gehören zu Halloween wie der Adventskalender in den Dezember. Die gruseligen Kürbisgrimassen sollen am Abend vor Allerheiligen böse Geister verjagen. Auch wenn ihr an all das nicht glaubt (willkommen im Club), schafft ihr mit einem gruseligen Kürbisgesicht die perfekte Atmosphäre für einen Horrorfilme-Marathon. Das Innere des Kürbisses müsst ihr keinesfalls wegwerfen! Kombiniert das Schnitzen einfach mit einer weiteren gemeinsamen Aktivität und kocht eine leckere Kürbissuppe (oder Kürbisquiche, Kürbiskuchen etc.).

> **Tipp:** Prüft bei Kauf, ob es sich um einen essbaren Kürbis handelt oder um einen reinen Zierkürbis.

97. Ins Musical gehen 🎭

Ja, Musicals sind teuer, besser gesagt: sogar ziemlich teuer. Wenn ihr aber einmal in einem Musical wart, werdet ihr verstehen, warum: Ein spektakuläres Bühnenbild gepaart mit tollen Stimmen sorgen für emotionale Wow-Momente, die euch in eine andere Welt entführen. Kombiniert den Besuch eines Musicals doch mit einer Städtereise nach Hamburg, Bochum, Stuttgart oder London.

98. Ein Paar-Fotoshooting machen ♥

Scheinwerfer an: Bei einem professionellen Foto-Shooting werdet ihr gekonnt in Szene gesetzt. Jetzt müsst ihr nur noch überlegen, ob ihr lieber witzig, romantisch oder sogar erotisch abgelichtet werden wollt.

99. Einen Bildhauerei-Kurs besuchen 🖌

Aus euch muss nicht der nächste Michelangelo werden, aber so eine selbst gemachte Skulptur im Eingangsbereich oder im Garten macht schon was her. Lasst eurer künstlerischen Ader freien Lauf. Eure Gäste werden begeistert sein! Ob sie wohl erkennen welche Skulptur von wem ist?

100. In eine Skihalle gehen 💪

Skifahren nur im Winter? Muss nicht sein! Hierfür müsst ihr auch nicht extra auf die Südhalbkugel reisen, sondern einfach eine Skihalle ansteuern. Bei Minusgraden, Sesselliften und Skikursen könnte man glatt meinen in den Bergen zu sein. Also nichts wie los und ab in den Schnee!

101. Mit einem Elektroauto fahren ☻

Elektromobilität ist nicht erst seit gestern in aller Munde. Wenn ihr mal wissen wollt, wie es ist, unter Strom zu fahren, kein Problem! Auch ohne Kaufinteresse könnt ihr euch für einige Stunden einen schicken Tesla mieten. Die Ladezeit könnt ihr ja mit einem kleinen Sightseeing-Ausflug oder einem leckeren Dinner verbinden.

102. Im Winter eine romantische Berghütte mieten 📷🌲❄♥

Verschneite Landschaften, Kamingeprassel, heißer Glühwein und romantische Schlittenfahrten – würdet ihr da nicht auch am liebsten sofort losfahren wollen? Bis zum Winter müsst ihr euch allerdings noch gedulden. Dann heißt es Zivilisation ade und willkommen rustikale Hüttenromantik.

103. Mit einem Katamaran segeln ♣

Katamarane erreichen Geschwindigkeiten von über 70 km/h und das ganz ohne Motor! Jetzt müsst ihr euch nur noch entscheiden, ob ihr in einem Schnupperkurs die Basics des Katamaran-Segels erlernen wollt oder vorerst nur als Gäste Fahrtwind und Geschwindigkeitsrausch genießen wollt.

104. Im warmen Sommerregen tanzen 💶 🌳☀

Drückende Hitze, verschwitzte Kleidung und dann kommt er endlich: der ersehnte Regen. Dreht die Musik auf (wie wäre es mit Singin' In The Rain, Purple Rain oder It's Raining Men) und los geht's.

105. Aus einem Escape-Room entfliehen 🔑⏱

0815-Dates sind nicht so euer Ding? Dann ab in dem Escape-Room. Innerhalb von 60 Minuten müsst ihr gemeinsam Rätsel lösen, clever kombinieren und es schaffen, euch dabei nicht in die Haare zu kriegen. Schafft ihr es innerhalb der Zeit, die Rätsel zu lösen und dem Raum zu entkommen? Dann habt ihr ein tolles Erfolgserlebnis, falls nicht, einen Grund, es noch einmal zu probieren.

106. An einer Brauereiführung teilnehmen 🍺

Ein kühles Bier nach Feierabend – ein Traum. Aber wie wird der erfrischende Gerstensaft eigentlich hergestellt? Für Freunde der Bierkultur gibt es in zahlreichen Brauereien die Möglichkeit, hinter die Kulissen zu schauen.

Zum Beispiel (Auswahl)

- Heineken in Amsterdam
- Guinness in Dublin
- Jever in der gleichnamigen Stadt Jever
- Erdinger Weißbier in Erding
- Krombacher Erlebniswelt in Krombach
- Oettinger in Oettingen, Gotha, Mönchengladbach und Braunschweig
- Bitburger in Bitburg
- Veltins in Meschede-Grevenstein

107. Ein Dinner in the sky besuchen 🍽

So exklusiv habt ihr sicher noch nie gegessen. Beim Dinner in the sky ist der Name Programm. Euer Dinner verspeist ihr bei diesem Event nämlich in rund 50 m Höhe. Wie das geht? Eure Plätze nehmt ihr noch auf dem sicheren Boden ein. Anschließend hebt euch ein Kran samt Kellner und Küchenchef in luftige Höhe.

> **Tipp:** Sucht am besten vorher noch mal die Toilette auf. Seid ihr erst einmal in der Luft, könnte es mit dem Toilettengang schwierig werden.

108. Zorbing 😀
Wenn euch die Loopings auf der Achterbahn nichts anhaben können, seid ihr beim Zorbing genau richtig. Bei diesem neuartigen Freizeitvergnügen rollt ihr in einer aufblasbaren, transparenten Kugel einen Abhang hinunter. Oder gerne auch mal auf Wasser, Sand oder Schnee.

109. Einen Grillkurs belegen
Man kann entweder Grillen oder man kann Grillen wie die Profis. Neben dem richtigen Equipment sind die Rezepte und das Handling des Grills kriegsentscheidend. Die letzten beiden Punkte könnt ihr in einem Grillkurs perfektionieren (fündig werdet ihr bei Grill-Herstellern, Kochschulen und Erlebnisveranstaltern). Wenn ihr denkt, dass es hierbei nur um die klassische Bratwurst geht, liegt ihr falsch. Die Themenschwerpunkte gehen über Wintergrillen, Veggie, Fisch, Steak oder Wild und sind dabei so vielfältig, wie die Welt der kulinarischen Genüsse selbst.

110. Eine Travestie-Show besuchen 😀 🎭
Taucht ein in die schräg-schrille Welt der Travestie-Kunst und erlebt ein Show-Spektakel der besonderen Art. Ihr werdet euren Spaß haben – garantiert!

111. Eine Fahrt mit einem Heißluftballon
Betrachtet die Welt gemeinsam aus einer neuen Perspektive. Mit einem Heißluftballon durch die Lüfte zu gleiten, zeigt euch, wie klein die Welt doch eigentlich ist. Traut ihr euch? Belohnt werdet ihr nicht nur mit einer unvergesslichen Aussicht. In luftiger Höhe werdet ihr mit einer traditionellen Taufe in den Kreis der Ballonfahrer aufgenommen.

Erfahrungsbericht Heißluftballonflug

Ein weiterer Vorteil einer Bucket List ist, das ihr euch über Geburtstags- und Weihnachtsgeschenke nicht mehr groß den Kopf zerbrechen braucht. Ein Blick auf die Bucket List reicht aus. So habe ich mich sehr gefreut, als ich an meinen Geburtstag einen Gutschein für eine Ballonfahrt für zwei Personen in den Händen hielt. Endlich würden wir diejenigen sein, die nicht nur von unten die riesigen Ballons bestaunen, sondern diejenigen, die gut gelaunt von oben winken. Bis es so weit war, hieß es allerdings warten. Einen Zeitpunkt zu finden, an dem die Witterung optimal ist, kann nämlich eine ganz schöne Herausforderung sein. Nachdem wir alle möglichen Beweggründe durchhatten (zu viel Wind, zu wenig Wind, zu heiß, Regenwahrscheinlichkeit zu hoch), war es an einem schönen Septemberabend endlich so weit. Wir hatten grünes Licht.

Am Treffpunkt angekommen hieß es allerdings erst einmal arbeiten. Der Ballon musste auf- und später natürlich auch wieder abgebaut werden. Eine ziemlich schweißtreibende Angelegenheit, die uns aber auch interessante Einblicke in die dahinterstehende Technik geliefert hat. Als wir dann mit einem Dutzend Beifahrer im Korb standen, ging alles ganz schnell. Noch etwas verwundert, dass es überhaupt nicht wackelt und schaukelt, waren wir plötzlich in rund 300 Metern Höhe und hatten eine grandiose Aussicht über das Ruhrgebiet. Da es relativ windstill war, hatten wir die Gelegenheit, den Kemnader See und die Ruhruniversität im Licht der untergehenden Sonne in aller Ruhe zu bestaunen und natürlich auch noch jede Menge Erinnerungsfotos zu machen. Nach einer geschmeidigen Landung auf einem Acker stand uns ein weiteres Highlight dann noch bevor: Die Ballonfahrer-Taufe. Nicht etwa wie erwartet mit einem Gläschen Sekt, sondern mit einer angeflämmten Haarsträhne und einem Ballonfahrernamen.

Warum ihr einen Heißluftballonflug als Paar wagen solltet:
Ganz einfach: Die Aussicht ist wirklich grandios. Vielleicht kostet es euch auch etwas Überwindung, euer Leben einem Ballon mit heißer Luft anzuvertrauen. Dann ist das Gefühl, gemeinsam dieses Erlebnis gewagt zu haben, umso toller. Etwas schade war, dass es bei unserem Erlebnis mit 12 anderen Personen im Korb ziemlich voll und manchmal etwas hektisch war. Viel entspannter und romantischer wäre es natürlich, eine exklusive Ballonfahrt zu zweit zu buchen, wenn es euch der nicht unerhebliche Aufpreis wert ist. Wir haben auf jeden Fall Feuer gefangen und planen als Nächstes eine Ballonfahrt in den Alpen.

112. Stand-up-Paddling ausprobieren

Stand-up-Paddling ist nach einer kleinen Einführung gar nicht so schwer. Versprochen! An vielen Badeseen werden im Sommer Kurse angeboten. Perfekt, um sich an heißen Tagen sportlich zu betätigen und zwischendrin kurz abzukühlen. Stand-up-Paddling ist natürlich zu allen Jahreszeiten möglich. Als Anfänger empfehle ich euch dann aber doch den Sommer.

113. Ein Gin-Tasting besuchen

Gin hat sich in den letzten Jahren zum absoluten Trend-Getränk entwickelt. Zeit, mehr über dieses Getränk und die verschiedenen Geschmacksrichtungen zu erfahren. Option 1: Ihr begebt euch in professionelle Hände und lasst euch von einem Experten sein Fachwissen vermitteln. Oder aber, und hier wären wir bei Option 2, ihr bestellt euch eine Probierbox und veranstaltet euer Gin-Tasting in den eigenen vier Wänden.

114. Gleitschirm fliegen

Wer hat nicht schon davon geträumt, wie ein Vogel durch die Lüfte zu gleiten. Ein Stück weit wahr werden kann dieser Traum beim Gleitschirmfliegen. Ein erfahrener Pilot steuert euch durch die Lüfte, während ihr euch ganz auf die Aussicht konzentrieren könnt. Achtung, Suchtgefahr! Vielleicht seid ihr danach so Feuer und Flamme, dass ihr die Grundausbildung anschließen wollt.

115. Die Einsamkeit am abgelegensten Ort der Welt genießen

Und zwar in Tristan da Cunha. Noch nie gehört? Kein Wunder. Die Insel im Südatlantik ist nicht gerade ein Touristenmagnet. Immerhin verbraucht ein Durchschnittsarbeitnehmer allein mit An- und Abreise schon das komplette Urlaubskontingent. Zuerst müsst ihr nämlich nach Kapstadt und von dort aus noch einmal 10 Tage mit dem Schiff einplanen, bis ihr das britische Überseegebiet mit rund 300 Einwohnern erreicht habt.

Eure Belohnung: Ruhe, Einsamkeit, unberührte Natur und vorbeischwimmende Wale, Orcas und Delfine.

116. Einen Hubschrauber-Rundflug machen

Die große Welt ganz klein – bei einem romantischen Hubschrauber-Rundflug könnt ihr ganz viel Zweisamkeit und Bauchkribbeln genießen. Die beeindruckende Aussicht werdet ihr sicher nicht so schnell vergessen.

117. Auf ein Musik-Festival gehen, auf das ihr eigentlich nie gehen würdet

Wenn ihr bereits jedes Jahr nach Wacken oder zum Rock am Ring fahrt, probiert doch mal eine ganz andere Musikrichtung. Wie wäre es mit Klassik, Jazz oder Blues, Reggae oder afrikanischer Musik? Vielleicht entdeckt ihr ja neue Lieblingsmusik, von der ihr es so gar nicht vermutet hättet.

118. An einer Quiz-Show teilnehmen

Wie wollt ihr eigentlich all die Dinge auf eurer Bucket List finanzieren? Ganz einfach: Ihr nehmt an einer Quiz-Show teil und räumt ganz groß ab.

119. Mit einem Geländewagen offroad fahren

Fahrt einen Geländewagen dort, wo er hingehört und das ist nicht der Straßenverkehr. Kämpft euch durch Schlammlöcher, steile Abhänge und waghalsige Schräglagen. In einem professionellen Training lernt ihr das Wichtigste zur Theorie, bevor es dann selbst hinters Steuer geht.

120. Eine Segway-Tour machen

Ihr habt euch schon immer gefragt, wie man auf diesen Dingern eigentlich das Gleichgewicht halten kann? Probiert es aus! Übrigens werden in vielen Touristenstädten Segway-Touren in Kombination mit Stadtführungen angeboten. Ideal also, wenn ihr mal keine Lust auf einen anstrengenden Fußmarsch habt.

121. Auf Bernstein-Jagd gehen

Völlig zu Recht wird Bernstein auch das Gold der Meere genannt. Immerhin könnt ihr pro Gramm Bernstein mit circa 60 € rechnen. Bei hoher Qualität sogar deutlich mehr. Der beste Zeitpunkt für eine Bernstein-Jagd an Nord- und Ostsee ist übrigens nach einer stürmischen Nacht im Herbst oder Winter. Zieht euch warm an und stellt euch besser den Wecker: Die Konkurrenz ist früh auf.

122. Eine Vernissage besuchen

Die Teilnahme an einer Vernissage gilt als extravagant und hipp – passt doch zu euch! Schlürft einen Gratis-Champagner, mischt euch unter die Kunstliebhaber und ersteht vielleicht sogar eins der künstlerischen Werke.

123. An einem Heinz-Erhardt-Dinner teilnehmen

Was das Besondere an einem Heinz-Erhardt-Dinner ist? Ganz viel Heinz Erhardt natürlich! Erlebt eine kleine Zeitreise in die Wirtschaftswunderzeit und nehmt bloß nicht zu viel Flüssigkeit auf einmal in den Mund! Eine Überbeanspruchung der Lachmuskulatur ist nämlich vorprogrammiert. Erleben könnt ihr ein Heinz-Erhardt-Dinner u.a. in Kassel, Cottbus oder Berlin.

124. Bei einem Tough Mudder mitmachen

Es gibt tatsächlich Menschen, die dafür Geld zahlen, einen Hindernislauf durch Eiswasser, Schlamm und andere Gemeinheiten wie Stromschläge absolvieren zu dürfen. Warum ihr da mitmachen solltet? Schaut euch die Fotos der Finisher oder hört euch Erfahrungsberichte von Wiederholungstätern an. Bei diesem Lauf geht es um ein Miteinander statt ein Gegeneinander. Ihr seid hier als Team gefragt und werdet mächtig stolz sein, wenn ihr matschverschmiert zusammen das Ziel erreicht.

125. Surfen lernen

Diese scheinbare Leichtigkeit, mit der Surfer die Wellen rocken, strahlt so viel Lebensfreude und Coolness aus, dass beim Zuschauen schnell der Gedanke aufkommt: „Will ich auch können." Ganz so einfach ist es leider nicht. Im Gegenteil:

Surfen gehört zu den schweren Sportarten. Einfach mal so aufs Brett stellen und über die Wellen reiten, ist nicht drin. Zumal es schnell gefährlich werden kann, wenn ihr die eigenen Fähigkeiten über- und die Strömungen und das Board unterschätzt. Am besten bucht einen Surfurlaub, bei dem euch ein professioneller Surflehrer in die Kunst des Wellenreitens einführt.

126. Auf eine Rollschuhparty gehen
Toupiert die Haare, kramt die Neon-Leggins hervor, bändigt eure Mähne mit einem Stirnband und los geht's zur Rollschuh-Retro-Party.

127. In einem Bergwerk dinieren
Der 21. Dezember 2018 war ein historischer Tag im Ruhrgebiet. Mit der Zeche Prosper Haniel in Bottrop schloss die letzte Steinkohle-Zeche in Deutschland. Das Ende einer Ära. Wenn ihr ansatzweise wissen wollt, wie es sich unter Tage anfühlt und zudem gerne an ungewöhnlichen Orten speist, ist ein Dinner in einem Bergwerk genau das Richtige für euch. Im Erzbergwerk Ramsbeck (im schönen Sauerland) erfahrt ihr im Museum zunächst mehr über die faszinierende Welt des Erz-Bergbaus und begebt euch anschließend selbst in sagenhafte 300 m Tiefe, um ganz romantisch ein Gruben-Light-Dinner zu genießen.

128. In einem Weinfass übernachten
Wein ist euer Leben und ihr wollt auf die Weinprobe und die Wanderung durch die Weinberge noch einen draufsetzen? Dann krönt euren Trip doch mit einer romantischen Übernachtung in einem übergroßen Weinfass. Das perfekte Ambiente, um ein letztes Gläschen Wein vorm Schlafengehen zu trinken.

129. Gemeinsam das Video eines Fitness-YouTubers nachturnen

Die Anzahl an Fitness-Videos auf YouTube ist mittlerweile schier unüberschaubar geworden. Kein Wunder: So ein 20-Minuten-Workout ist schnell (und kostenlos) absolviert, während ihr in der Zeit vermutlich gerade erst in der Umkleide im Fitnessstudio angekommen wärt. Lasst euch von dem Angebot nicht erschrecken und vor allem nicht abschrecken! Zum Schwitzen bringen werden sie euch alle. Wenn ihr am Ball bleibt, werdet ihr nach einiger Zeit auch euren favorisierten Fitness-YouTuber gefunden haben.

130. Ein Wochenende im Tropical Island verbringen

Sandstrand, tropische Pflanzen und Temperaturen jenseits der 20-Grad-Marke. Was nach einem Tag in der Karibik klingt, soll auch im Tropical Island im brandenburgischen Krausnick möglich sein. Neben Saunen, Whirlpools und Co., könnt ihr euch bei einer thailändischen Massage verwöhnen lassen, exotische Schmetterlinge bestaunen, mit einem Ballon in 60 m Höhe steigen oder euch beim Entertainment wie im Urlaub fühlen. Schwierig, alles an einem Tag unterzubringen. Aber müsst ihr auch gar nicht! Übernachtungen werden wahlweise in Zelten, Lodges oder Zimmern angeboten.

131. Eine Bootstour auf dem Eibsee

Ein Hauch von karibischem Flair in Deutschland! Ihr glaubt mir nicht? Dann schaut mal auf Instagram (#eibsee). Mit seinen grünen Wäldern, kleinen Inseln, klarem Wasser und der Bergkulisse im Hintergrund ist der Eibsee einer der schönsten, wenn nicht sogar der schönste See Deutschlands Die einzigartige Landschaft lässt sich am besten bei einer Wanderung oder einer romantischen Bootsfahrt erkunden.

132. Mit einem Rennwagen fahren

Eine Fahrt mit einem Rennwagen ist nicht nur den Profis vorbehalten. Nach professioneller Einweisung könnt ihr erleben, wie es ist, von den Fliehkräften in den Sitz gedrückt zu werden, den Motor brummen zu hören und über dieselbe Strecke zu rasen wie die Profis aus der Formel 1.

133. Besucht die Palmeninsel in Dubai
Die künstlich geschaffene Insel in Palmenform soll sogar vom Weltraum aus sichtbar sein. Überzeugt euch selbst von den gigantischen Ausmaßen. Was es hier zu sehen gibt? Allerhand Luxushotels und Villen, Restaurants, Nachtclubs, aber auch einen Erlebnispark und natürlich strahlend weiße Sandstrände.

134. Lasertag spielen
Runter vom Sofa und rauf aufs Spielfeld. Vielleicht kennt ihr ja noch *Räuber und Gendarm* oder das gute alte Versteckenspielen. Lasertag spielen ist im Grunde nicht anders, nur dass euer Revier nicht die alte Nachbarschaft, sondern eine schwach beleuchtete, in Neonlicht getauchte Halle ist. Eure Waffen sind Laserpointer, mit denen ihr eure Gegner abschießt. Klingt brutal, aber im Gegenteil zu Paintball ist Lasertag (abgesehen vom Muskelkater am nächsten Tag) völlig schmerzfrei. Zeigt mit einer ordentlichen Portion taktischer Raffinesse, dass ihr auch in der Laser-Arena als Team einfach unschlagbar seid.

135. Das Oktoberfest in München besuchen
„O' zapft is!" – Rund sechs Millionen Besucher strömen jährlich auf das Münchener Oktoberfest. Kein Wunder. Immerhin klingen fesche Dirndl und Lederhosen, viel Bier und gute Stimmung in den Festzelten ziemlich verheißungsvoll! Oder ist doch alles nur überteuert und touristisch? Findet es gemeinsam heraus! Und denkt dran: Rechtzeitig buchen ist Pflicht!

136. Im Wald geocachen
Während man vor einigen Jahren zum Geocachen noch ein teures GPS-Gerät benötigt hat, ist heutzutage alles, was ihr für ein erstes Abenteuer an Equipment benötigt, euer Smartphone. Beim Geocachen sucht ihr mithilfe von GPS-Koordinaten einen Cache, der im einfachsten Fall aus einem Behälter mit Logbuch besteht und beispielsweise in einer Asthöhle versteckt ist. Für erfahrene Cacher gibt es Rätselcaches, Nachtcaches oder Multis, die aus mehreren Stationen bestehen. Probiert es einfach mal aus, dann werdet ihr das Vokabular schnell draufhaben. Geocaching lässt sich prima mit einer Wanderung in der Natur verbinden.

137. Einen Stratosphären-Flug machen

Erobert gemeinsam den Weltraum und überschreitet die Schallgrenze! Okay, dafür braucht ihr nicht nur zahlreiche medizinische Check-ups und Versicherungen, sondern müsst auch einen fünfstelligen Betrag pro Person hinblättern. Aber man wird ja noch träumen dürfen.

138. Pokern lernen

Na, wie in- und auswendig habt ihr die Mimik eures Partners bereits kennengelernt? Würdet ihr es merken, wenn eure bessere Hälfte ein Pokerface aufsetzt? Hüte und Sonnenbrillen sind selbstverständlich tabu!

139. Draußen übernachten (ohne Zelt)

Schon mal von Mikroabenteuer gehört? Dann gebt dem Begriff unbedingt mal in die Google-Suche ein und ihr werdet noch viel mehr Inspiration finden. Der Klassiker eines Mikroabenteuers schlechthin ist aber das Draußenschlafen ohne Zelt. Für so eine Übernachtung im Freien gibt es natürlich verschiedene Optionen, angefangen von einer Übernachtung auf eurem Balkon bis hin zu einer Nacht im Wald, in der ihr euch mit Sicherheit noch viel lieber als sonst an den anderen kuschelt.

140. Eine Höhle besichtigen

Faszinierende Entstehungsgeschichten, eine kleine Abkühlung im Sommer, ein trockenes Plätzchen bei Regen und eine geheimnisvolle Welt unter Tage: Es gibt viele Gründe dafür, gemeinsam auf Entdeckungstour zu gehen. Hierfür müsst ihr noch nicht einmal weit fahren. Spektakuläre Höhlen gibt es nämlich auch in Deutschland.

Einige beeindruckende Höhlen in Deutschland:

- Teufelshöhle in Pottenstein (Bayern)
- Saalfelder Feengrotte (Thüringen)
- Kalkberghöhle in Bad Segeberg (Schleswig-Holstein)
- Schauhöhle Breitscheid (Hessen)

- Atta-Höhle in Attendorn (NRW)
- Eberstadter Tropfsteinhöhle im Odenwald (Baden-Württemberg)
- Binghöhle in Streitberg (Bayern)

141. Klettern

Beim Klettern braucht man Vertrauen. Wem, wenn nicht eurem Partner würdet ihr anvertrauen, euch abzusichern, während ihr euch in schwindelerregende Höhen begebt? Damit ihr sicher rauf- und wieder runterkommt, bietet sich ein Kletterkurs für Anfänger an, bei dem ihr die wichtigsten Techniken lernt.

142. In einem VW-Bulli übernachten

Ein VW Bully ist kein einfacher Kleintransporter oder ein Bus. Vielmehr steht der Bully für ein Gefühl von Freiheit, Wirtschaftswunderzeit und ein bisschen Hippie-Flair. Ob auch heute noch etwas von dem Flair übrig ist, erfahrt ihr am besten, wenn ihr euch das schnuckelige Gefährt für ein Flower-Power-Wochenende ausleiht.

143. An einer Teezeremonie teilnehmen

Wie oft machen wir uns nebenbei mal einen Tee? Dabei ist das Teetrinken in vielen Ländern ein wichtiges Kulturgut. Hinter den jeweiligen Teezeremonien steckt eine lange Tradition. Neugierig geworden? Dann fangt beispielsweise mit der ostfriesischen Teezeremonie an. Anleitungen gibt es wie immer im Internet oder live zum Teilnehmen (zum Beispiel im ostfriesischen Teemuseum in Norden). Oder wie wäre es mit einer britischen, japanischen oder chinesischen Teezeremonie? Ihr werdet erstaunt sein, welche unterschiedlichen Arten der Zubereitung und der Zelebrierung des Teetrinkens es doch gibt.

144. Ein Survivaltraining machen

Was ist eigentlich, wenn eine Zombi-Apokalypse ausbricht oder ihr euch hoffnungslos in der Wildnis verirrt? Ein professionelles Survivaltraining bereitet euch hierfür optimal vor. Ihr lernt, wie ihr euch ohne Smartphone orientiert, Trinkwasser gewinnt oder Feuer macht. Bei mehrtägigen Trainings geht ihr sogar noch weiter und werdet zu richtigen Vorzeige-Preppern, die für kommende Krisenszenarien bestens vorbereitet sind.

145. Mit Eseln wandern

Ob Esel wohl wirklich so störrisch sind, wie man ihnen nachsagt? Am besten werdet ihr dies wohl herausfinden, wenn ihr euch auf diese wunderbaren Tiere einlasst. Zum Beispiel bei einer gemeinsamen Wanderung.

146. Den Hamburger Dom besuchen

Nein, hiermit ist kein sakrales Gebäude gemeint. Der Hamburger Dom ist ein riesiges Volksfest mit Losbuden, Fahrgeschäften und Co., das nicht nur einmal, sondern gleich dreimal im Jahr stattfindet.

147. Ein Schießtraining machen

Das Ziel anvisieren, abdrücken und den Rückstoß spüren – um diesen Action-Moment nachzuerleben, müsst ihr weder kriminell werden noch den Jagdschein machen. Auch ohne Waffenschein könnt ihr bei verschiedenen Veranstaltern unter professioneller Anleitung eure Treffsicherheit bei einem professionellen Schießtraining unter Beweis stellen.

148. Eine Esoterikmesse besuchen

Pendeln, Schamanismus, Aura-Scan, Chakra-Reinigung, Wahrsagen ... Was es nicht alles gibt! Auf einer Esoterikmesse werdet ihr aus dem Staunen nicht mehr rauskommen.

149. Zweisamkeit auf einer Trauminsel mit Wasserbungalow genießen

Einmal im Leben möchte doch jeder gerne Zeit in einem Südsee-Paradies verbringen. Mit Bilderbuchstrand, einem Bungalow über kristallklarem Wasser, Cocktails und ganz viel Zeit für Romantik. Traumziele mit Wasserbungalows gibt es weltweit. Nicht nur auf den Malediven! Alternative Destinationen sind Bora Bora, Jamaika, Mauritius oder den Fidschi-Inseln.

150. Ein Jazzkonzert besuchen

Swing, Dixieland Jazz, Bebop, Latin Jazz, Cool Jazz, Electroswing – wenn ihr einmal angefangen habt, euch für Jazz zu begeistern, steht euch eine ganze Bandbreite an Jazzstilen offen. Findet gemeinsam heraus, welcher Jazzstil euch am meisten zusagt. Bei einem Live-Konzert natürlich!

151. Die Drehorte der Lieblingsserie besuchen

Ihr liebt Reisen und ihr liebt Filme? Dann liegt doch nichts näher, als diese beiden Leidenschaften zu verbinden. Der Klassiker sind die Rocky-Treppe in Philadelphia, Hobbiton in Neuseeland oder Plattform 9 3/4 an der King's Cross Station. Mittlerweile gibt es auch organisierte Rundreisen für Filmfans, etwa Game of Thrones in Irland oder Illuminati in Rom.

152. Ein Kreuzworträtsel aus der Zeitung lösen und an dem Gewinnspiel teilnehmen

Stellt gemeinsam euer Rätseltalent unter Beweis. Als Preise warten häufig Traumreisen auf euch. Alternativ habt ihr euch eben mit eurer Mail für den Newsletter irgendeiner Frauenzeitschrift angemeldet.

153. Eine Nacht im Museum verbringen

Kein Spaß und auch nicht illegal! Viele Museen, zum Beispiel das Museum Lüneburg oder das Aeronauticum bei Cuxhaven, bieten euch diese Erfahrung völlig legal an, ohne dass ihr euch vor den Nachtwächtern verstecken müsst. Wie es wohl sein wird nachts, wenn keiner mehr da ist und die Ausstellungsstücke unheimliche Schatten werfen.

154. Bogenschießen

Bogenschießen ist die perfekte Mischung aus Konzentration, Kraft und Koordination. Also ideal, wenn ihr mal wieder etwas Abstand vom Alltag braucht. Nach einer kurzen Einführung könnt ihr unter Beweis stellen, was ihr gelernt habt, indem ihr mit einem perfekten Schuss die goldene Mitte trefft.

155. Einen Golf-Schnupperkurs besuchen ♥

Golf ist was für Spießer und Gutbetuchte? Legt für einen Nachmittag aller Vorurteile beiseite und gebt dem Golf-Sport eine Chance. Hinterher wisst ihr dann, welche Klischees wahr sind und wer von euch besseren Abschlag draufhat.

156. Ein Wochenende in einem Romantik-Hotel verbringen 💼♥

Dieses Wochenende gehört nur euch zwei. Erlebt jede Menge Zweisamkeit, wenn ihr mit einem Glas Champagner im Whirlpool entspannt, euch massieren lasst oder euch bei einem Candle-Light-Dinner tief in die Augen schaut.

157. Einen Massagekurs belegen 🕯♥

Ihr liebt es, euch gegenseitig zu massieren? Dann erweitert euer Wissen! In einem Massagekurs für Paare eignet ihr euch ein Grundwissen an Massagetechniken an und könnt einem Experten all eure Fragen stellen. Danach müsst ihr euch nur noch einig werden, wer zuerst eine Massage bekommt.

158. An einem Malkurs teilnehmen 🖌

In jedem steckt ein Künstler! Oder sagen wir es so: Kunst liegt im Auge des Betrachters. Außerdem macht es nicht nur super viel Spaß, der eigenen Kreativität freien Lauf zu lassen, sondern ihr habt als Ergebnis ein fertiges Kunstwerk, das an eurer Wohnzimmerwand Eindruck macht. Wenn ihr nicht direkt einen ganzen Kurs buchen wollt, sind Anbieter wie Art Night oder Art Masters genau richtig für euch. In entspannter Atmosphäre, meist trendigen Bars oder Restaurants, unterstützen euch Künstler dabei, Schritt für Schritt in wenigen Stunden ein Kunstwerk zu erstellen. Ihr werdet erstaunt sein, wie unterschiedlich eure Kunstwerke aussehen, obwohl ihr euch an ein und dasselbe Motiv gewagt habt.

159. Die arktische Wildnis in Spitzbergen erkunden 💼🌲

In Spitzbergen leben in etwa genauso viele Menschen wie Eisbären. Nämlich knapp 3000. Im Sommer lässt es sich bei durchschnittlich +6 °C und nicht enden wollenden Tagen ganz gut aushalten. Erkundet Gletscher, bestaunt die Mitternachtssonne, fahrt mitten im Sommer um 3 Uhr nachts Ski oder traut euch auf eine Kajaktour durch die eisigen Fjorde. Im Winter ist es mit 24 Stunden Dunkelheit und zweistelligen Minusgraden schon deutlich ungemütlicher. Dafür sind die Chancen hoch, die mystisch wirkenden Nordlichter bestaunen zu können.

160. Die Kunst des Goldschmiedens erlernen

Die Kunst des Goldschmiedens ist uralt. Um genau zu sein, reichen erste Zeugnisse der Goldschmiedekunst bis in die Bronzezeit zurück. Natürlich werdet ihr dieses filigrane Handwerk nicht in wenigen Stunden erlernen. Ein sehr persönliches Schmuckstück werdet ihr nach einem Kurs aber definitiv euer Eigen nennen dürfen. Wie wäre es zum Beispiel mit euren Eheringen?

161. Kitesurfen

Ihr seid absolute Wasserratten und euch machen auch kältere Wassertemperaturen nichts aus? Dann ab aufs Wasser. Bei einem Schnupperkurs werdet ihr von einem erfahrenen Lehrer in die Kunst des Kitesurfens eingeführt. Achtung: Das Gefühl, schwerelos durch die Luft zu fliegen, kann schnell süchtig machen!

162. Drachen steigen lassen

Um einen Drachen steigen zu lassen, braucht ihr vor allem Wind. Und natürlich einen Drachen! Sind diese Bedingungen erfüllt, kann es auch schon losgehen.

163. Eine Schienenkreuzfahrt machen

Die klimafreundlichere Alternative zur klassischen Kreuzfahrt. Bei einer Kreuzfahrt auf Schienen seid ihr – wie der Begriff es schon vermuten lässt – in Zügen unterwegs. Der Zug ist dabei Hotel und Fortbewegungsmittel in einem. Alternativ gibt es auch Angebote mit Hotels in den jeweiligen Städten. Wie würde euch beispielsweise eine Reise mit dem Royal Scotsman durch die schottischen Highlands gefallen?

164. Einen Spinning-Kurs besuchen♥

Ihr wollt euren Partner einmal so richtig leiden sehen und seid bereit, eine schweißtreibende Stunde, bei der ihr an eure Grenze kommt, auf euch zu nehmen? Dann ab zum Spinning! Positiver Nebeneffekt: Ihr werdet so viel Kalorien verbrennen wie bei kaum einer anderen Sportart. Perfekt, wenn ihr mit der Bikini-Figur mal wieder knapp dran seid.

165. Ort der Kindheit besuchen♥ (⬛,🧳)

Die alte Schule, der Urlaubsort der Kindheit oder das Feriencamp an der Nordsee, in dem ihr die besten Tage eurer Jugend verbracht habt. Besucht gemeinsam die Orte, die dem jeweils anderen etwas bedeutet haben und lernt euch so noch besser kennen.

166. Gemeinsam einen Baum pflanzen und wachsen sehen ♣♥ ⬛ ⏱

Statt das Taschenmesser rauszuholen und eure Initialen in einen Baum zu ritzen – und diesen damit zu schädigen –, könnt ihr der Natur stattdessen auch etwas Gutes tun und einen Baum pflanzen. Was zu Beginn noch ein zartes Bäumchen ist, wächst über die Jahre zu einem stattlichen Baum. Irgendwann steht ihr dann mit euren Enkelkindern vor dem Baum und erzählt ihnen von den Geschichten aus eurem Leben.

167. Auf einem Tandem fahren♣⏱ ⬛

Wie sagt man so schön: Geteilte Kraftanstrengung ist halbe Kraftanstrengung … oder so ähnlich. Beim Tandemfahren könnt ihr wieder einmal unter Beweis stellen, wie toll ihr als eingespieltes Team harmoniert. Bremsmanöver, Gangwechsel und Anfahren – alles kein Problem! Oder doch? Findet gemeinsam heraus, wie es sich anfühlt, gemeinsam auf einem Drahtesel zu fahren. Welche Reihenfolge funktioniert wohl am besten?

168. In einer Karaoke-Bar singen😊 🍹

And Eieieiei will always love juuuuuu … Vielleicht habt ihr recht, wenn ihr anzweifelt, ob ihr denn publikumstauglich singen könnt. Aber: Who cares? Schätzungsweise 90 % der Gäste in einer Karaoke Bar können (auch) nicht singen. Darum geht es auch gar nicht. Schließlich sitzt nicht Dieter Bohlen im Publikum und bei DSDS sind wir auch nicht. Schlürft ein paar Cocktails und dann traut euch! Von dieser denkwürdigen Performance werdet ihr noch euren Enkeln erzählen!

169. Nach New York reisen 🧳

Taucht ein in den Großstadt-Trubel von New York. Ob Broadway-Show, Entspannung im Central Park oder Cocktails in einer Roodtop-Bar, die Metropole am Hudson-River bietet euch unendlich viele Möglichkeiten.

170. Ein Eishockey-Spiel besuchen🎟️😊

Egal ob Eisbären Berlin, Kölner Haie oder Augsburger Panther – gemeinsam haben Eishockey-Mannschaften nicht nur die Tiernamen als Namensbestandteile, sondern auch eine eingeschweißte Fan-Base, die für Stimmung sorgt. Eine Atmosphäre, die man einfach miterlebt haben muss.

171. Nach Helgoland reisen🧳

Ganze 48,5 km ist Helgoland vom deutschen Festland entfernt. Was es auf der knapp 1 km² großen Hauptinsel so alles zu sehen gibt? Vor allem eins: Abgeschiedenheit (im Winter noch viel mehr als im touristischen Sommer). Schaut im Juni den Lumenküken bei ihren ersten Flugversuchen zu oder im Winter den Kegelrobben-Jungtieren bei ihren ersten Ausflügen ins Meer.

172. Einen Akt-Malereikurs besuchen🖌️😊

Bei der Aktmalerei geht es um viel mehr als nur um ein paar voyeuristische Blicke. Ihr lernt die Grundlagen der Anatomie und Darstellungen des menschlichen Körpers kennen. Ist euch das ein bisschen zu viel Theorie, spricht natürlich auch nichts dagegen, einen ganz privaten Akt-Malereikurs mit nur zwei Teilnehmern, die Model und Künstler gleichzeitig sind, zu Hause zu veranstalten.

173. Neujahrsschwimmen – sich in die eiskalten Fluten stürzen ☉♣⚘

Neujahrsschwimmen klingt ja erst einmal ganz nett. In etwa so wie Neujahrskonzert oder Neujahrsempfang. Doch dieser frostige Brauch besteht darin, sich am Neujahrstag in die eiskalten Fluten der Nordsee (die Wassertemperatur beträgt ca. 6 °C) oder eines Flusses oder Sees zu stürzen. Soll gesund sein und ist nach einem Gläschen Sekt zu viel sicher auch nicht verkehrt.

174. An einem Meditationsworkshop teilnehmen ♟

Manchmal ist es schön, gar nicht viele Worte zu verlieren und einfach mal zusammen zu schweigen. Zum Beispiel beim gemeinsamen Meditieren. Ein Mediationsworkshop hilft euch, einen Zugang zur jahrtausendealten Meditationspraxis zu finden und nicht zu schnell aufzugeben, wenn euch eure Alltagsgedanken wieder übermannen.

175. Einen Poetryslam besuchen 🎭

Ein Poetryslam ist ein Dichterwettstreit, bei dem Künstler/-innen auf der Bühne mit selbst geschriebenen Texten gegeneinander antreten. Die Jury seid ihr. Der Slammer mit dem lautesten Applaus ist eine Runde weiter.

176. Im Meer küssen ♣♥€

Sonne, Strand, das sanfte Schaukeln der Wellen – was kann es jetzt noch Schöneres geben? Richtig! Ein Kuss von eurem Lieblingsmenschen und der Moment ist perfekt.

177. Ein Casino besuchen☉☾

Egal ob Roulette, Black Jack oder Poker – gemeinsam mischt ihr den Laden so richtig auf! Und wenn nicht, wie sagt man doch gleich so schön: Pech im Spiel, Glück in der Liebe.

178. Ein Wochenende beim Glamping verbringen

Glamping vereint das bekannte Campen in der Natur mit einem Hauch von Glamour. Oder anders ausgedrückt: Wenn ihr Erlebnisse in der Natur liebt, aber mit hartem Zeltboden und Gemeinschaftsduschen nicht so viel anfangen könntet, ist Glamping genau das Richtige für euch. Ihr schlaft in luxuriösen Safarizelten mit eigenem Wohnzimmer, liebevoll restaurierten Wohnwagen oder einem komfortablen Jurtezelt.

179. Kuriose Eissorten probieren

Spinat-, Gurken- oder Kürbisgeschmack: Die Kreationen in deutschen Eisdielen werden immer kurioser. Werdet gemeinsam zum Eistester. Vielleicht schmecken die verrückten Sorten besser als erwartet. Falls nicht, ordert ihr beim nächsten Mal wieder aus voller Überzeugung Stracciatella und Co.

180. Erste Klasse Bahn fahren

Lange Zugfahrten können oftmals ganz schön stressig sein: wenig Beinfreiheit, ein völlig überfülltes Abteil und laute Mitreisende. Im Gegensatz zum Flugzeug sind die Preise für die erste Klasse in der Bahn in vielen Fällen gar nicht so viel teurer. Also gönnt euch beim nächsten City-Trip mal ein Upgrade ☺

181. Einen YouTube-Channel starten

Bibi und Julienco waren gestern. Jetzt kommt ihr! Auch wenn ihr keine Prank-Videos und intimen Einblicke in eure Beziehung veröffentlichen wollt, gibt es unzählige Themen, die bei der YouTube-Gemeinschaft Anklang finden werden. Themen eures Channels könnten beispielsweise euer gemeinsames Hobby sein oder aber ihr filmt euch beim Abarbeiten eurer gemeinsamen Bucket List.

182. Einen Blog starten

Wenn Videos nicht so euer Medium sind (kann ich voll und ganz nachvollziehen), könnt ihr euch auch schriftlich mitteilen. Der eine fotografiert lieber, während der andere sich mehr fürs Schreiben interessiert? Perfekt! Dann könnt ihr euch beim Bloggen perfekt ergänzen! Und vielleicht entwickelt sich hieraus ein kleines, gemeinsames Business.

183. Silvester im Ausland feiern 💼♥❄

Spätestens im Spätsommer geht es im Freundes- und Bekanntenkreis los: Wo wird dieses Jahr Silvester gefeiert? Feiert doch einmal nur zu zweit. Damit ihr nicht doch noch zu irgendeiner Party überredet werdet, feiert am besten im Ausland. Ob in New York, London, Sydney oder abgeschieden irgendwo in den Bergen, ist euch überlassen.

184. In die Oper gehen 🎭

Oper ist langweilig und spießig obendrein? Mag sein, aber macht euch doch euer eigenes Bild. Für den Anfang empfehle ich euch eine der bekannteren Opern zu wählen. Beispielsweise La Traviata, Carmen, Tosca, die Zauberflöte oder die Hochzeit des Figaro. Eine andere Möglichkeit: Ihr wählt eine Oper, aus der ihr schon eine Arie kennt (und mögt).

185. Einem Krampuslauf beiwohnen 💼☺

In der Adventszeit jagen die unheimlichen Krampusse durch süddeutsche Altstädte. Während die braven großen und kleinen Kinder vom Nikolaus beschenkt werden, werden die unartigen vom Krampus bestraft. Dieser tritt als dämonische Gestalt mit Hörnern, einer Fratzenmaske und Fellen in Erscheinung und kündigt sich schon lange vorher mit lauten Schellen an. Ein Spektakel, das man gesehen haben muss. Doch gebt Acht: Zum Brauch gehört auch ein Schlag mit dem Reisigstab für alle, die dem Krampus zu nahe kommen.

186. Blindbooking ausprobieren 💼☺

Einfach ans Meer! Egal wo! Wenn ihr dazu gleichzeitig noch knapp bei Kasse seid und Spontaneität euch nicht abschreckt, passt Blindbooking zu euch wie die sprichwörtliche Faust aufs Auge. Beim Blindbooking wählte ihr zwischen verschiedenen Paketen wie Party, Natur oder Strand und gebt einen möglichen Zeitraum an. Urlaubsregion und Flugzeiten erfahrt ihr erst nach der Buchung. Dafür erspart ihr euch den Planungsstress und könnt den ein oder anderen Euro sparen.

187. Ein Lebkuchenhaus backen ❘ € ❄

Holt die Weihnachtsbäckerei in die heimische Küche. Ein unbestrittener Klassiker neben Zimtsternen und Co. sind Lebkuchenhäuser. In den meisten Supermärkten gibt es fertige Sets zum Zusammenbauen. Wenn euch das zu langweilig ist oder ihr euren ganz eigenen Bauplan im Kopf habt, kreiert euer Lebkuchenhaus mit einer Anleitung aus dem Internet doch mal komplett selber.

188. Auf dem Wochenmarkt einkaufen ❘ € ⏱

Samstag früh aufstehen, um auf den Wochenmarkt zu gehen, wenn der Discounter um die Ecke auch bis 20 Uhr geöffnet ist? Klingt zunächst nach einer schlechten Idee. Aber es hat schon seine Gründe, warum so viele Menschen auch heute noch auf Märkten einkaufen. Um nur ein paar zu nennen:

+ Reduzierter Müll: Nehmt einfach eure eigenen Verpackungen mit
+ Regional & saisonal: Viele Waren stammen aus der näheren Umgebung
+ Nähe zum Erzeuger: Die Händler können dir all deine Fragen zur Herkunft und Qualität der Ware beantworten

189. Vögel beobachten 🌳 €

Werdet gemeinsam zum Hobby-Ornithologen (keine Sorge, den Begriff musste ich auch googlen). Was ihr hierfür benötigt: ein gutes Fernglas, ein Bestimmungsbuch und einen frühen Wecker. Damit der Funke so richtig (oder zumindest ein kleines bisschen) überspringt, empfehle ich euch eine geführte Vogelexkursion, bei der ihr von erfahrenen Vogelkundlern etwas über die Merkmale der Vogelarten lernen könnt. Bei euren nächsten Spaziergängen und Wanderungen werdet ihr die (Vogel-)Welt auf einmal mit viel wacheren Augen und Ohren wahrnehmen.

190. Twister spielen € 😄

Twister? Ist das nicht dieses Spiel mit den bunten Kreisen, das immer auf Kindergeburtstagen gespielt wurde? Ja genau: Nur dass ihr jetzt erwachsen seid. Es wird interessant sein zu sehen, wie viel ihr euch von eurer einstigen Gelenkigkeit bewahren konntet. Ideal auch, um sich spielerisch etwas näherzukommen.

191. Den Sommer in einer einsamen Hütte in Schweden verbringen

Stellt euch vor: tiefblaue Seen, lange Mitsommerabende und vor allem eins – Stille! All das findet ihr in Schweden. Mietet euch ein rot-weißes Holzhäuschen und genießt einen Urlaub, bei dem es nur euch beide und jede Menge Natur gibt.

192. Für einen 5-Kilometer-Lauf trainieren (10 km, Halbmarathon, Marathon)

Zeit, die Beziehungskilos wieder loszuwerden und euch gemeinsam einer Herausforderung zu stellen. Damit der gemeinsame Sport nicht zum Stimmungskiller wird, gilt es, als fitterer Part Rücksicht zu nehmen. Ihr tretet nicht in einem Wettbewerb gegeneinander an. Euer Ziel ist vielmehr, gemeinsam eine Distanz – ganz egal ob 5 km, 10 km, 21 km oder 42 km – zu absolvieren. Glaubt mir: Das Gefühl, zum ersten Mal 10 km ohne Pause durchgelaufen zu sein, ist die Strapazen wert.

193. Auf ein Doppel-Date mit einem anderen Paar gehen

Ja, es klingt irgendwie spießig und eine Konstellation, bei der sich vier Menschen sympathisch sind, muss man auch erst mal finden. Aber wenn ihr ein nettes Paar kennt oder einer eurer Freunde oder Freundinnen einen neuen Partner hat, warum nicht? Wie ihr es am Ende nennt, bleibt euch überlassen. Vielleicht entwickelt sich ja eine wunderbare Viererfreundschaft.

194. Den Sonnenaufgang und -untergang am selben Tag beobachten

Ein stimmungsvoller Sonnenaufgang lässt einen doch bereits mit einem Lächeln im Gesicht in den Tag starten. Genauso wie ein Sonnenuntergang am Abend der perfekte Startschuss für einen romantischen Abend zu zweit ist. Wäre es da nicht perfekt ein und denselben Tag mit einem Sonnenaufgang und einem Sonnenuntergang zu verbringen? Wenn ihr euch für euer Vorhaben den deutschen Sommer aussucht, solltet ihr euch zur Sicherheit zwei Wecker stellen. Im Winter sind euch ein paar Stunden mehr Schlaf gegönnt. Dafür sind eine dicke Decke und eine heiße Thermoskanne ratsam.

195. Einen FKK-Strand besuchen ♣☻☀

Öffentlich nackt sein – eine Vorstellung, die euch vermutlich etwas Unbehagen bereitet. Dieses blöde Schamgefühl! Was sind das eigentlich für Menschen, die der Freikörperkultur frönen? Findet es heraus! Neben nahtloser Bräune und dem Stolz, dass ihr euch getraut habt, lockt euch vielleicht die Aussicht auf etwas weniger überfüllte und ruhigere Strandabschnitte.

196. Einen Boxkampf live sehen ♣☻

Ja, Boxkämpfe sind nichts für schwache Gemüter (in diesem Fall überspringt diesen Punkt einfach). Die Meinungen zum Boxen liegen dementsprechend weit auseinander. Wenn ihr euch jedoch schon immer gewünscht habt, einen Boxkampf ganz nah am Ring mitzuverfolgen, gehört dieser Punkt auf jeden Fall auf eure Bucket List.

197. Im Park Boccia spielen ♣ € ⏱

Boccia (oder auch Boule) ist was für Rentner? Mag sein. Aber warum sollte euch das davon abhalten, selbst die Kugeln zu schwingen? Wenn euch das Spiel im Sandfeld doch etwas zu oldschool ist, probiert es doch mal Crossboccia. Bei dieser Trendsportart wird die ganze Stadt zu eurem Spielfeld.

198. Einen Nachtflohmarkt besuchen ☻

Trödeln soll glücklich machen. Zumindest könnt ihr einiges sparen, vorausgesetzt ihr braucht die vermeintlichen Schnäppchen auch wirklich. Aber ob notwendig oder nicht – macht euch einen Spaß daraus, Kleidung für den anderen auszusuchen, und stellt euer Talent im Feilschen unter Beweis. Ihr könnt den Spieß natürlich auch umdrehen und als Händler endlich euren ganzen Krempel loswerden, um das Kleingeld für das ein oder andere Erlebnis zu erwirtschaften.

199. Squash spielen ♥

Squash ist die perfekte Symbiose aus körperlichem und mentalem Training. Wenn der Ball mit bis zu 200 km/h von der Wand abprallt, verbrennt ihr nicht nur ordentlich Kalorien, sondern trainiert gleichzeitig euer Reaktions- und Wahrnehmungsvermögen.

200. Auf ein Holi-Festival gehen 👥☀

Achtung, jetzt wird's bunt: Holi ist ein traditionell indisches Fest, welches eng mit dem hinduistischen Glauben verbunden ist. Anlass des im März stattfindenden Festes ist der Sieg des Frühlings über den Winter. Für die Zeit des Festes spielt das Kasten-System ausnahmsweise keine Rolle. Unabhängig vom gesellschaftlichen Status wird gemeinsam gefeiert und sich gegenseitig mit buntem Pulver beworfen. Von diesem ursprünglichen Hintergrund ist bei den Holi-Festivals in Europa nicht mehr viel übrig geblieben. Weder der kalendarische Bezug noch der religiöse Hintergrund. Aber das soll eure Freude nicht trüben.

Erfahrungsbericht Holi-Festival

Mit bunten Farben bewerfen – wie cool klingt das denn? Irgendwie sollte es nach dieser Aussage dann doch noch ein paar Jahre dauern, bis wir uns Tickets für dieses farbenfrohe Event besorgt haben. Vielleicht haben wir etwas zu lange gewartet … Bei unserer Ankunft am Veranstaltungsort war nämlich erst einmal Ernüchterung angesagt. Nicht nur erwartete uns bereits eine 100 m lange Schlange vor dem Einlass. Auch die Teilnehmer sahen erschreckend jung aus. Zum Glück haben wir dann noch ein paar andere Ü20-Gesichter erspäht, aber so muss sich dieses Älterwerden also anfühlen. Vor allem, wenn die coolen Kids anscheinend alle später kommen. So richtig begonnen hat das Festival nämlich erst eine ganze Weile nach dem offiziellen Beginn. Aber egal, wir haben bereits unser Pulver und das gegenseitige Bewerfen macht verdammt viel Spaß (zieht euch unbedingt weiße Kleidung an, damit man die bunte Farbe auch richtig schön sieht). Zumindest so lange, bis das erste Staubkorn im Auge landet und es höllisch brennt.

Nach den ersten Farbversuchen und einer kleinen Stärkung ging es endlich los. Laute Musik, gute Stimmung und natürlich die Farbcountdowns, die alles in eine kunterbunte Wolke verwandelt haben. Nach drei Stunden war der Spaß dann wieder vorbei. Nicht offiziell, aber für uns. So viel Spaß die bunte Farbe auch gemacht hat, umso unerträglicher hat sich irgendwann der eigene Körper angefühlt (gereizte Augen, trockene Haut, die mit einem Gemisch aus Farbe und Schweiß überzogen ist, sowie Haare wie Stroh). Ob wir noch mal auf ein Holi-Festival gehen werden? Eher nicht! Ob wir trotzdem einen tollen Nachmittag hatten und froh sind, dieses Erlebnis gemeinsam erlebt zu haben? Definitiv ja!

Warum ihr gemeinsam auf ein Holi-Festival gehen solltet:
Unsere Erfahrung muss nicht gleich eure Erfahrung sein. Musikgeschmäcker und die Grenze für körperliches Unwohlsein sind bei jedem verschieden. Nicht umsonst sind Holi-Festivals gut besucht. Macht euch euer eigenes Bild und vor allem: Erlebt gemeinsam etwas Neues. Egal ob ihr danach zu Wiederholungstätern werdet oder euch noch Jahre später dran erinnert, wie lange ihr die bunte Farbe noch in euren Kniekehlen und Armbeugen hattet.

• •

201. Einen Indoor-Spielplatz besuchen ☻

Wer sagt denn, dass Indoor-Spielplätze nur für Kindern sind? Trampolinspringen, Bällebad und Hüpfburgen hören doch nicht auf Spaß zu machen, nur weil ihr jetzt Autofahren dürft. Im Gegenteil: Manchmal kann ein Sprung ins Bällebad besser als sein als jede Anti-Stress-Massage. Natürlich könnte es für die „echten"

Kinder etwas einschüchternd wirken, wenn auf einmal Erwachsene die Hüpfburg stürmen. Das ist auch nicht Sinn der Sache. Mittlerweile haben aber einige Anbieter wie das Tiki Kinderland in Solingen, die sehnsüchtigen Blicke der Erwachsenen bemerkt und bieten regelmäßig ein Ü18-Toben an.

202. In einem Restaurant mit Michelin-Stern speisen 🍴

Der Guide Michelin zeichnet weltweit ausgezeichnete Restaurant aus. Bewertungskriterien sind u. a. Qualität der Zutaten, die Zubereitung und die Einzigartigkeit der Gerichte. In Deutschland habt ihr die Wahl zwischen ca. 300 Restaurants mit mindestens einem Stern. Also gönnt euch (vielleicht an eurem nächsten Jahrestag) eine ausgezeichnete Mahlzeit und prüft, ob die Restaurantkritiker mit ihrer Einschätzung richtigliegen.

203. Ein altes Möbelstück aufhübschen😊⏱

Habt ihr euch auch so an Ikea-Wohnzimmern sattgesehen und wollt in eurer Wohnung unbedingt mehr Persönlichkeit zeigen? Egal ob Kleinanzeigen, Sperrmüll oder Antiquitätengeschäft – mit etwas kreativem und handwerklichem Geschick, könnt ihr ausrangierten Möbeln mit neuen Bezügen, einem frischen Anstrich oder selbstklebender Folie einen individuellen Look verpassen.

204. An einem Poledance-Kurs teilnehmen💋❤

Jetzt wird's heiß! Verführerischer Blick und laszive Bewegungen. Bei einem Poledance-Kurs lernen nicht nur Frauen die Kunst des Tanzes an der Stange.

205. Stockbrot machen🍴€

Als ob ein Lagerfeuer nicht schon romantisch genug ist. Wenn dann noch ein lecker duftendes Stockbrot dazu kommt, wollt ihr euer gemütliches Plätzchen gar nicht mehr verlassen.

206. In ein Hochhaus schleichen und versuchen aufs Dach zu kommen😊❤⏱€

Eine nicht ganz so einfache Mission (abgeschlossen, stiller Alarm?), zu der ich euch, wenn ihr erwischt werdet, keinesfalls ermutigt habe ☺. Wenn ihr den Nervenkitzel nicht gebrauchen könnt und es euch einzig um die grandiose Aussicht geht, besucht doch eine öffentliche Aussichtsplattform. Diese werden vielerorts für Touristen angeboten.

207. Ein Partner Tattoo stechen lassen ♥☻

Um euch eure gegenseitige Liebe zu beweisen, braucht ihr selbstverständlich kein Tattoo! Wenn euch der Gedanke eines gemeinsamen Tattoos aber zusagt, findet ihr auf Pinterest und Co. unzählige Inspirationen für individuelle Partner-Tattoos.

> **Tipp:** Wenn euch ein bleibendes Motiv auf eurer Haut (noch) nicht so geheuer ist, greift zu Henna-Farben. Spätestens nach ein paar Wochen ist von den Tattoos nichts mehr zu sehen.

208. Nachts schwimmen gehen ☻⏱ 💶 ☀

Nachts in einem Meer, See oder sogar Swimmingpool schwimmen zu gehen, ist eine unvergessliche Erfahrung. Die Menschenmassen vom Tag sind verschwunden, die Sterne funkeln über euch und dazu noch eine Prise Nervenkitzel (wenn ihr nackt baden geht), die euch wach hält.

> **Wichtig:** Sicherheit geht absolut vor. Informiert euch über Gezeiten, mögliche Strömungen und geht keinesfalls ins Wasser, wenn es stockdunkel ist. Es geht nicht darum, nachts eine sportliche Höchstleistung abzuliefern, sondern um die Atmosphäre und die Zeit zu zweit.

209. In einem Eishotel übernachten 🧳 ❄

Minusgrade klingen für euch nicht wie die ideale Schlaftemperatur? Mag sein. Thermo-Schlafsäcke und ganz viel kuscheln sorgen zumindest dafür, dass ihr nicht erfriert. Für das bisschen Zittern werdet ihr mit beeindruckenden Kunstwerken aus Eis entschädigt. Am nächsten Morgen werdet ihr den ersten warmen Kaffee sicher mit anderen Augen sehen.

210. Dem anderen ein Gedicht schreiben ✏️♥️💤💶⏱️

Ein Gedicht ist eine kleine romantische Geste, die dem anderen doch viel bedeutet. Die literarische Qualität und auch die Länge sind hierbei zweitrangig. Viel wichtiger ist: Der andere hat sich die Zeit genommen und seine Gefühle zum Ausdruck gebracht.

211. Rikscha fahren

Lasst jemand anderes für euch strampeln! Ein schlechtes Gewissen braucht ihr hierbei nicht zu haben. Die meisten Fahrer lieben nicht nur ihre Stadt, sondern auch ihren sportlichen Job an der frischen Luft. Ihr werdet von den Fahrern Geschichten erfahren, die man so nur von Einheimischen erfährt und bewegt euch zudem noch völlig CO_2-neutral von A nach B.

212. Eine Nacht im Bett die Seiten tauschen 😊 💶 ⏱️

Klingt total simpel, aber habt ihr in all den Monaten/Jahren/Jahrzehnten eurer Beziehung auch nur einmal auf der anderen Bettseite geschlafen? Durchbrecht für eine Nacht euer Muster. Wie fühlt es sich an, am Fenster oder in der Nähe der Tür zu schlafen?

213. Initialen in den Sand schreiben ♥️ 💶

Auch wenn eure Initialen mit der nächsten Flut schon wieder verschwunden sind, tut dies dieser romantischen Geste keinen Abbruch.

214. Frische Pasta selber machen ✏️ 💶 ⏱️

Draußen ist es kalt und regnerisch? Klingt nach einem perfekten Tag, um Pasta selber zu machen. Ein Genuss, an den die Ware aus dem Supermarkt einfach nicht herankommt. Für den ersten Versuch geht es auch ohne Nudelmaschine, auch wenn euch das praktische Gerät einiges an Arbeit abnehmen kann.

215. Bullshit-Bingo spielen 😊 💶

Bingo ist was für Rentner? Vollkommen richtig! Aber ihr sollt auch nicht das normale Bingo spielen! Wie wäre es mit einem Bullshit-Bingo für Horrorfilme? Dank beliebter Klischees (die Gruppe trennt sich, der Wagen springt nicht an, eine Gestalt erscheint im Spiegel, Handys haben keinen Empfang oder die Telefonleitung ist durchgeschnitten, der vermeintlich tote Killer ist doch nicht tot usw.) werden sowohl ausgelutschte Horrorfilme als auch Bingo zu einer super Samstagabend-Aktivität.

216. Blut spenden

Blutspender werden eigentlich immer dringend gesucht. Wenn ihr also schon immer mit einem „Ich könnte ja mal"-Gedanken im Hinterkopf an den Plakaten zur Blutspende vorbeigegangen seid, rafft euch gemeinsam auf. Während ihr die Hand eures Partners haltet, ist es auch gar nicht so schlimm. Hinterher werdet ihr nicht nur stolz auf euch sein, sondern ihr habt mit eurer Spende auch noch Menschen mit schweren Verletzungen oder lebensbedrohlichen Krankheiten geholfen. Vielleicht werdet ihr, nachdem der Anfang gemacht ist, sogar zu regelmäßigen Spendern.

217. An einer Fundsachenversteigerung teilnehmen

Zum Ersten, zum Zweiten, zum Dritten – ihr wolltet schon immer wissen, wie eine Versteigerung abläuft? Dann nix wie hin! Die meisten Fundstücke warten in den Fundbüros vergeblich auf ihre Besitzer. Was etwas traurig klingt, kann euch das ein oder andere Schnäppchen einbringen. In vielen Bahnhöfen kommen bei Fundsachenversteigerungen nämlich nicht nur Ramsch und Koffer voll dreckiger Wäsche unter den Hammer, sondern auch Elektrogeräte, Schmuck oder Markenkleidung.

218. Elbe Radweg „Straße der Romantik"

Im Zeitalter der Romantik war die Region Sachsen-Anhalt nicht nur ein politisches, sondern auch ein kulturelles Zentrum Europas. Rund 1000 Jahre später zeugen hiervon immer noch mehr als 80 Klöster, Kirchen und Schlösser, die sich in Form einer großen Acht auf einer 800 km langen Strecken durch Sachsen-Anhalt abradeln lassen.

219. Ritter Festspiele besuchen😊

Was früher ein Kampf um Ehre und Ansehen war, ist heute eine beliebte Veranstaltung für Mittelalter-Fans und Familien. Neben dem eigentlichen „Ritterturnier" bieten Händler verschiedener Zünfte ihre Waren an. Deftiges Essen zur Stärkung gibt es inklusive. Gaukler und Spielleute sorgen für die passende Atmosphäre. Perfekt, um für einen Tag ins dunkle Mittelalter abzutauchen.

220. Mit einem E-Scooter fahren 😊 💶

E-Scooter gehören mittlerweile in vielen Großstädten genauso zum Straßenbild wie der Cityroller in den 2000ern. Habt ihr die lautlosen Elektro-Flitzer schon ausprobiert? Nein? Dann bucht euch für ein paar Euro für eine Stunde einen der kleinen Flitzer.

221. In einem Luftschiff fliegen ✈

Schon vom Boden aus sind die riesigen Luftschiffe eine beeindruckende Erscheinung. Wie wird es wohl sein, von der Gondel aus die Welt von oben zu betrachten?

222. Eure Initialen/Namen in nassen Beton schreiben😊 💶 ♥

Ihr erspäht ein Fleckchen feuchten Beton? Dann seid schnell und macht euch die Finger schmutzig! Belohnt werdet ihr mit einem Kunstwerk für die Ewigkeit oder zumindest für einige Jahrzehnte.

223. Ein Möbelstück selber bauen ✏

Habt ihr euch an Kallax, Billy und Malm auch so langsam sattgesehen? Dann baut eure Möbel doch einfach selber! Was erst einmal total kompliziert klingt, ist es eigentlich gar nicht. DIY liegt voll im Trend. Das haben mittlerweile auch die Baumärkte gemerkt und so könnt ihr euch Sets mit fertigen Zuschnitten inklusive Anleitung bestellen (z. B. Create! By Obi). Für den Anfang eignet sich ein kleineres Projekt wie ein Pflanzenständer oder eine Tischlampe. Nach ein bisschen Übung wagt ihr euch vielleicht an eine neue Wohnwand oder ein Himmelbett.

224. Die Rocky Horror Show besuchen 🎭

Die Rocky Horror Show muss man einfach gesehen haben! Mir fällt keine andere Inszenierung ein, die eine so verrückte Story hat und bei der das Publikum geschlossen in den Reihen tanzt. Die Rocky Horror Show ist eine interaktive Vorstellung, bei der ihr als Zuschauer gefordert seid. So ist nicht verwunderlich, dass viele Besucher der Rocky Horror Show Wiederholungstäter sind.
Tipp: Googelt vorher unbedingt den Time Warp und holt euch im Theater das Zubehörpaket zum Mitmachen.

225. Molekulare Küche probieren 🍴

Um molekulare Küche streiten sich die Geister. Für die einen ist es die Innovation schlechthin. Für andere wiederum hat molekulare Küche etwas von Laborcharakter. Etwas verständlich. Immerhin werden wissenschaftliche Erkenntnisse genutzt, um die Textur von Speisen zu verändern. Heraus kommen zum Beispiel Kaviar aus Fruchtsäften, Cocktails in Würfelform oder schaumartige Soßen.
Bildet euch am besten eure eigene Meinung. Entweder in einem auf molekulare Küche spezialisiertem Restaurant oder in der heimischen Küche. Kein Witz! Anleitungen und Rezeptideen haben es mittlerweile auf Kochblogs, YouTube und Pinterest geschafft. Probiert es aus und überrascht eure Freunde oder Familien bei der nächsten Essenseinladung.

226. Gegenseitig ein Waxing machen 😊 💶 ⏱

Aalglatt habt ihr euren Partner am liebsten? Oder ihr seid einfach kleine Sadisten? Wie auch immer. Im Gegensatz zur Rasur habt ihr beim Waxing länger etwas vom ersehnten Ergebnis. Der Nachteil: Es wird schmerzhaft. Da beim Waxing so einiges schiefgehen kann (blaue Flecken sind da das kleinste Übel), startet euer Kosmetik-Experiment daher besser zuerst an unempfindlicheren Stellen oder begebt euch doch lieber in die Hände einer professionellen Depiladora.

227. Eine Dschungeltour machen

Die Zukunft der jahrhundertealten Regenwälder sieht leider düster aus. Noch habt ihr aber die Chance, Berggorillas und Orang-Utans in freier Wildbahn zu beobachten. Begebt euch gemeinsam auf Dschungelsafari und bestaunt diese artenreichen Flecken Erde. Mit Sicherheit wird die Begegnung mit wilden Tieren, die man sonst nur aus Zoos kennt, nicht spurlos an euch vorübergehen.

228. Couchsurfen in einer fremden Stadt

Couchsurfing (= bei einem Fremden auf dem Sofa zu übernachten) ist wohl die intensivste Art, Kontakt zu Einheimischen zu knüpfen. Traut euch gemeinsam. Im besten Falle entsteht hierdurch eine neue internationale Freundschaft. Wenn nicht, habt ihr im schlimmsten Falle immer noch die Möglichkeit auf ein Hotel umzusteigen, aber ihr seid um eine Erfahrung reicher.

229. Einen Couchsurfer bei euch aufnehmen

Umgekehrt ist Couchsurfing natürlich auch möglich. Holt euch die weite Welt in euer Wohnzimmer und beherbergt einen internationalen Gast. Eine gute Möglichkeit, euch ans Thema Couchsurfing ranzutasten, bevor ihr selber auf Reisen geht.

230. Spontan zum Flughafen fahren und den nächsten Flieger zum Strand nehmen

Ihr habt euch schon so oft vorgestellt, wie es wäre, mit gepackten Koffern zum Flughafen zu fahren und einfach den nächsten Flieger zum Strand zu nehmen? Egal wohin, Hauptsache Strand? Dann macht es bei den nächsten freien Tagen doch einfach.

231. Wahrheit oder Pflicht spielen

Ihr glaubt alles über den anderen zu wissen? Sicher? Eine Runde Wahrheit oder Pflicht in Kombination mit einer guten Flasche Wein, hilft euch diese Annahme zu überprüfen. Rechnet aber damit, überrascht zu werden, von dem, was ihr sehen und hören werdet.

232. Guerilla Gardening

Begebt euch gemeinsam auf eine geheime Mission. Eure Waffe: ein Gemisch aus Erde, Dünger und Samen. Die Munition (Samenbomben) stellt ihr entweder selbst her oder bezieht sie aus dem World Wide Web. Begrünt werden soll natürlich nicht Nachbars Vorgarten, sondern trostlose Seitenstreifen und triste Hinterhöfe.

233. Eine Sandburg bauen

Was als Kind noch so einfach war, kann als Erwachsener zu einer Wissenschaft für sich werden, vor allem, wenn es um das perfekte Verhältnis von Sand und Wasser oder den idealen Unterbau geht. Bevor ihr den Spaß an zu viel Perfektion verliert, bedenkt: Euer Kunstwerk ist vergänglich. Das Tolle am Sandburgenbauen ist nicht das Ergebnis, sondern der Spaß während des Bauens.

234. Einen Roadtrip in den USA machen

Die legendäre Route 66, der Pacific Coastway oder doch lieber der Las Vegas Loop – die Wahl der Route ist nicht gerade leicht. Dafür gibt es im Land der unbegrenzten Möglichkeiten einfach zu viel zu sehen. Fest steht: Egal wohin ihr fahrt, pulsierende Großstädte, atemberaubende Landschaften oder diverse kulturelle Highlights sorgen dafür, dass ihr diesen gemeinsamen Trip euer Leben lang nicht vergessen werdet.

235. Bei einem Color Run mitmachen

Keine Sorge! Bei einem Color Run geht es nicht um Bestzeiten (diese werden nicht mal erfasst). Bei den ca. fünf Kilometern geht es vielmehr darum, einen farbenfrohen, lustigen Tag mit Freunden und Unbekannten zu haben. Hierfür sorgen bunte Farbbeutel, Musik und Hindernisse wie Hüpfburgen.

236. Für vier Wochen vegetarisch (oder vegan) leben

Ihr habt schon länger überlegt, aus Gründen der Nachhaltigkeit, Gesundheit oder des Tierleids kein Fleisch mehr zu essen? Aber die Vorstellung für den Rest eures Lebens auf ein saftiges Steak, Grillwürstchen oder Spagetti Bolognese zu verzichten, klingt auch nicht wirklich verlockend? Dann geht nicht direkt aufs Ganze und nehmt euch lediglich einen fleischfreien Zeitraum vor (z. B. vier Wochen oder was ihr glaubt durchhalten zu können), in dem ihr euch durch die Welt der vegetarischen Gerichte und Fleischersatzprodukte testet. Nach Ablauf des Zeitraums könnt ihr immer noch schauen, wie es euch damit geht. Vielleicht reduziert ihr euren Fleischkonsum danach drastisch, steigt auf Bio-Produkte um oder merkt, dass ein Verzicht gar nicht so schwer ist.

237. Auf einen Baum klettern

Kinder scheinen eine natürliche Gabe dafür zu haben, auch den schwierigsten Baum zu erklimmen. Aber traut ihr euch auch als Erwachsene? Zu zweit habt ihr immerhin jemanden, der Räuberleiter machen oder euch heraufziehen kann.

238. Zusammen einen Mammutbaum umarmen

Bei einem Mammutbaum könnt ihr euch noch so viel strecken, wie ihr wollt. Ihr werdet euch mit Sicherheit nicht an den Händen halten können. Rekordhalter-Exemplare erreichen sogar in ihrer kalifornischen Heimat einen Umfang von bis zu 30 m.

239. Das erste Date wiederholen

Begebt euch zurück zum Anfang. Wo fand euer erstes Kennenlernen oder eure erste richtige Verabredung statt? Was hattet ihr an? Worüber habt ihr gesprochen? Welches Essen habt ihr bestellt und wie weit seid ihr an diesem Tag gegangen? Erlebt gemeinsam noch einmal den Tag, an dem alles begann.

240. Ein Puzzle vollenden (mind. 1000 Teile) 🎲 ⏱

Puzzeln entschleunigt nicht nur, sondern hilft auch ungemein beim Abschalten. Vielleicht erinnert ihr euch noch daran, wie stolz ihr als Kinder wart, wenn das letzte Puzzleteil gepasst hat. Erlebt all dies gemeinsam und stellt euch der Herausforderung.

> **Tipp:** Verwandelt euer liebstes Urlaubsfoto in ein Puzzle (einfach nach Anbietern googeln). So könnt ihr beim Puzzeln so richtig schön in Erinnerungen schwelgen und habt als Ergebnis eine einzigartige Wanddekoration.

241. Unterm Sternenhimmel küssen ♥ €

Ein inniger Kuss unterm Sternenhimmel – der Inbegriff von Romantik. Ihr braucht gar nicht so weit reisen, um einen klaren Sternenhimmel, ohne störendes Licht genießen zu können. Die International Dark Sky Association hat in Deutschland ganze drei Gebiete als Sternenpark ausgewiesen. Im Westhavelland, der Eifel und dem Biosphärenreservat Rhön habt ihr an ausgewiesenen Orten einen ungetrübten Blick auf den faszinierenden Sternenhimmel. Ideal für etwas Zweisamkeit.

242. Eine Drohne steigen lassen ⊕

Die Bilder, die ihr mit eurer Drohne macht, zeigen euch, wie die Welt und ihr beide aus der Vogelperspektive aussieht. In Sachen Drohnen gibt es allerdings so einiges zu beachten. Nicht nur in Sachen Technik, sondern auch Vorschriften und Gesetze. Am besten lasst ihr euch von einem Profi einweisen. Ab einem Gewicht von 2 kg wird beispielsweise ein Drohnenführerschein benötigt.

243. An einem Gruseldinner teilnehmen ✏

Als Fan von Horrorfilmen und Halloween heißt es jetzt aufpassen! Bei einem Gruseldinner werdet ihr nicht nur kulinarisch verwöhnt, sondern diniert in einem für Gruselfans angemessenen Ambiente, während euch bekannte Horrorgestalten wie Frankenstein und Jack the Ripper das Fürchten lehren.

244. Einen vermüllten Ort aufräumen

Ihr ärgert euch über einen vermüllten Ort auf eurem Spazierweg, für den sich keiner verantwortlich fühlt? Dann wartet nicht, bis er in einigen Hundert Jahren von selbst verrottet ist, sondern ergreift die Initiative und räumt ihn auf.

> **Tipp:** Schaut nach dem Hashtag #trashtag. Die Vorher-Nachher-Bilder sind teilweise wirklich beeindruckend.

245. Eine Zigarre rauchen

Dieses Buch soll euch keinesfalls zu einer ungesunden Lebensweise ermutigen. Falls ihr euch aber fragt, ob ihr etwas verpasst habt, weil ihr noch nie an einer Zigarre (oder was weiß ich noch) gezogen habt, probiert es aus und seid euch hinterher hoffentlich sicher, dass dem nicht so ist.

246. Einen Tag im Partnerlook rumlaufen

Vermutlich verdreht ihr bei diesem Punkt die Augen und habt jene Paare vor Augen, die alles nur gemeinsam machen und sogar im gleichen Outfit rumlaufen. Gönnt euch den Spaß für einen Tag und übertreibt dabei völlig. Ob Trekking-Sandalen mit weißen Socken, Leo-Look, Polo-Shirt oder Samt-Jogger, erlaubt ist, was (nicht) gefällt.

247. Auf einem mechanischen Bullen reiten

Bullenreiten gehört zu den extremsten und auch gefährlichsten Sportarten. Zumindest wenn dabei ein echter Bulle unter euch ist. Deutlich weniger gefährlich ist es, auf einem mechanischen Bullen zu reiten. Bleibt nur die Frage: Wer von euch hält länger aus?

248. Für den anderen im Restaurant bestellen

Wie gut kennt ihr nach all den gemeinsamen Monaten, Jahren oder Jahrzehnten die kulinarischen Vorlieben des anderen? Traut ihr euch zu, für den anderen ein Gericht auf der Speisekarte auszuwählen?

249. Ein Fotoalbum erstellen ✏ 💶 ⏱

Ja, ich weiß, in Zeiten moderner Technologie sind ausgedruckte Fotos und Fotoalben eigentlich überflüssig geworden. Ich sage „eigentlich", weil Fotoalben gegenüber digitalen Bildsammlungen auf dem Smartphone einige entscheidende Vorteile haben. Ihr beschränkt euch auf die schönsten Fotos und könnt zudem handschriftliche Erinnerungen, Eintrittskarten etc. ergänzen. Und ganz ehrlich: Wie oft scrollt ihr gemeinsam durch eure Cloud?

250. In einer Salzgrotte entspannen ♨

Jetzt heißt es tief durchatmen und entspannen. Während ihr, umgeben von tonnenweise Salz, den Klängen von Entspannungsmusik lauscht, werdet ihr herrlich müde und relaxt. Schon ein kurzer Aufenthalt von 45 bis 60 Minuten fühlt sich an wie ein Spaziergang an der Nordsee. Die reichhaltige Salzluft soll eine positive Wirkung auf die Atemwege haben. Perfekt für eine Mini-Auszeit zwischendurch.

251. Einen Straßenkünstler eine Karikatur von euch zeichnen lassen ☻

Während die Werke von einigen Straßenkünstlern irgendwie ziemlich austauschbar aussehen, kreieren einige Maler richtige Kunstwerke. Und denkt dran: Eine Karikatur ist darauf ausgelegt, eine lustige Überzeichnung zu sein.

252. Bei einer TV-Show im Publikum sitzen ☻

DSDS, GNTM oder wie sie alle heißen – Wenn ihr schon immer wissen wolltet, was bei Live-Sendungen in der Werbepause im Studio passiert oder was in den Ecken geschieht, auf die gerade keine Kamera gerichtet sind, dann besorgt euch Tickets. Diese sind meist günstiger, als man denken mag, und oft alles andere als ausverkauft.

253. Trüffel suchen 💶 ☻ 🍂

Wenn ihr so einen Trüffel zum ersten Mal seht, werdet ihr euch mit Sicherheit fragen: Warum, verdammt noch mal, ist so ein verschrumpeltes, knolliges Ding so viel wert? Wie dem auch sei, gut für euch. Zum einen führt euch die Jagd nach dem kleinen Pilz raus in die Wälder. Zum anderen wäre es interessant, diese

Delikatesse zu kosten. Trüffel können fast in allen Ländern gefunden werden, auch in Deutschland. Allerdings fallen Trüffel hierzulande unter den Artenschutz. Passt, auch im Ausland, auf, dass ihr nur auf ausgewiesenen Flächen auf Trüffelsuche geht.

254. Über heiße Kohlen laufen

Jetzt wird's heiß! Leider nicht im Schlafzimmer. Stattdessen steht eine Mutprobe an: über heiße Kohlen laufen. Moment mal, verbrennt man dabei nicht? Das Geheimnis liegt nicht in irgendwelchen meditativen Praxen, sondern in der kurzen Kontaktzeit zwischen Fuß und heißer Kohle. Kohle ist ein schlechter Wärmeleiter, bevor die extreme Hitze euren Fuß verbrennt, seid ihr also schon einen Schritt weiter.

255. Ein Sinfoniekonzert besuchen

Schließt die Augen und lauscht den Werken alter Meister wie Mozart, Haydn und Bach. Erlebt dabei, wie sich bekannte Stücke in der beeindruckenden Akustik eines Konzerthauses anhören. Ihr werdet erstaunt sein, wie schnell die Zeit vergeht und ihr alles um euch herum vergesst.

256. Eine Luxusimmobilie besichtigen

Man wird ja wohl noch träumen dürfen! Es muss nicht die Luxusvilla in Malibu sein, vielleicht gibt es auch ein schickes Penthouse in eurer Stadt, dass ihr schon immer von innen gesehen haben wollt. Hinterher wisst ihr dann wahlweise, worauf ihr hinarbeiten wollt oder worin ihr euer Geld auf keinen Fall investieren wollt.

257. An einem Fotowalk teilnehmen

Begebt euch auf gemeinschaftliche Fotosafari. Vorteile eines organisierten Fotowalks: Ihr müsst in einer fremden Stadt nicht erst die interessantesten Orte selbst heraussuchen. Und: Ihr erhaltet jede Menge Fotografie-Wissen und Feedback zu euren Bildern. Es ist doch spannend zu sehen, wie ein und dasselbe Motiv so unterschiedlich aufgenommen werden kann.

258. Eine CD mit eurer Musik brennen♥ 🔘

Auch wenn es heutzutage genügend Möglichkeiten gibt, Musik digital zu Playlists zusammenstellen, hat eine CD mit euren Liedern und einem persönlichen Cover doch einen ganz besonderen emotionalen und nostalgischen Wert.

259. Eine Weltkarte mit Pins aufhängen😊

Mit so einer Bucket List kommt man herum. Damit ihr den Überblick behaltet, wo ihr schon überall gewesen seid und wohin ihr unbedingt noch wollt, ist eine große Weltkarte an der Wand genau richtig. Vielleicht mögt ihr ja auch Fotos oder Andenken an eure Reisen auf der Pinnwand verewigen.

260. Mit dem Orient-Express fahren💼

Eine Fahrt im geheimnisumwobenen Orient-Express: für Reisefreudige und Fans von Agatha Christie ein Traum. Die gute Nachricht: Es gibt ihn immer noch, den berühmten Zug von Istanbul nach Paris, wenn auch unter ähnlich klingendem Namen als nachgebaute Touristenattraktion.

261. Einen Klingelstreich machen😊⏱ 🔘

Etwas kindisch, sich als Erwachsener hinter den Büschen zu verstecken und das Lachen zu unterdrücken, wenn ihr das verdutzte Gesicht eures Opfers seht. Mag sein, aber was interessiert euch die Meinung anderer.

262. Origami lernen✏ 🔘 ⏱ 💡

Was ist die perfekte Beschäftigung für einen regnerischen Herbstnachmittag? Richtig: Kraniche falten. Loslegen könnt ihr eigentlich sofort. Brauchbare Anleitungen findet ihr bei YouTube. Allerdings empfiehlt es sich, richtiges Origamipapier zu verwenden. Besonders wenn ihr Gefallen an den kleinen Kunstwerken gefunden habt und euch an komplizierte Origami wagt. Für den allerersten Versuch kann auch ein dünnes Werbeblättchen gute Dienste leisten.

263. Ein neues Brettspiel lernen 💶 ⏱ 💡

Hand aufs Herz: Wie viele Spiele aus der großen Familienspielesammlung habt ihr schon gespielt? Bei Mensch ärgere dich nicht, Mühle, dem Gänsespiel und vielleicht noch Schach hört es bei den allermeisten auf. Packt doch die Anleitung aus und übt euch in einem für euch neuen Brettspiel.

264. Eine Zeitkapsel erstellen ❤ ⏱ 💶

Bei dieser Idee geht es nicht darum, eine Zeitmaschine zu entwickeln. Vielmehr handelt es sich bei einer Zeitkapsel, um einen Behälter zur Aufbewahrung von Gegenständen, der erst nach Ablauf eines langen Zeitraums wieder geöffnet wird. Entweder durch einen selber oder sogar erst durch die Nachkommen. Ideen für den Inhalt sind z. B.

- Ein USB-Stick/eine CD mit euren aktuellen Lieblingshits
- Ein aktuelles Foto von euch
- Eine aktuelle Ausgabe eurer Regionalzeitung
- Ein Stadtplan eures momentanen Wohnortes
- Euer ausrangiertes Smartphone
- Eure Ideen, wie euer Leben in xy Jahren aussehen könnte
- Eine Ü-Ei-Figur (vielleicht ist das Spielzeug irgendwann etwas wert)
- Eine Flasche Wein
- …

265. Ein Vogelhaus bauen 🔨

Genauso unzählig wie die verschiedenen Vogelhausmodelle, die es in deutschen Baumärkten zu kaufen gibt, sind auch die Anleitungen zum Selberbauen auf Pinterest. Kaufen ist weniger zeitintensiv und in den meisten Fällen auch deutlich günstiger, dafür macht Selberbauen viel mehr Spaß und ihr könnt eurer Kreativität freien Lauf lassen. Wie wäre es z. B. mit einem Vogelhaus in den Farben eures Lieblingsvereins oder einem kleinen Hexenhäuschen?

266. Kochunterricht in einem anderen Land besuchen ✈️💼

Bei einem Kochkurs in einem anderen Land lernt ihr nicht nur die authentische Küche des Landes kennen, sondern erlebt Lebensart und Kultur hautnah mit. Wie wäre es zum Beispiel, wenn ihr die Feinheiten der italienischen Küche mit Gleichgesinnten auf einem kleinen Landgut in der Toskana kennenlernt? Eine Erfahrung, an die kein VHS-Kurs dieser Welt herankommt!

267. Tischtennis spielen 💚 💶 ⏱️

Die Idee mag auf den ersten Blick etwas lahm klingen, aber überlegt einmal: Wann habt ihr zum letzten Mal auf einem Spielplatz oder im Park Tischtennis gespielt? Vermutlich schon ein paar Jährchen her. Also kramt die alten Schläger wieder raus und liefert euch ein erbarmungsloses Tischtennis-Match.

268. Whale Watching 💼♣

Eine riesige Walflosse in den Ozean eintauchen zu sehen oder einem Babywal bei seinen Sprüngen zu beobachten sind ganz besondere Naturmomente, erst recht, wenn man sie zu zweit erlebt. Orte, an denen ihr die Meeresgiganten live erleben könnt, gibt es u. a. in den USA, Kanada, Südafrika oder Island. Ein Millionengeschäft, in dem es leider auch viele schwarze Schafe gibt. Informiert euch daher unbedingt vorher über den jeweiligen Anbieter. Dabei helfen euch die Checkliste des WWF oder Bewertungen von Teilnehmern.

269. Ein anderes Paar verkuppeln ❤️😊

Manchmal muss man der Liebe etwas auf die Sprünge helfen. Vielleicht seid ihr selber einst verkuppelt worden. Wer aus eurem Bekanntenkreis, denkt ihr, sollte sich kennenlernen? Denkt nur an die ganzen gemeinsamen Pärchen-Aktivitäten, die ihr zusammen unternehmen könnt.

270. Polarlichter bestaunen 💼♣❤️

Polarlichter sind beeindruckende Lichterscheinungen, die in der Nähe des Nord- (Aurora borealis) und Südpols (Aurora australis) auftreten. Die besten Orte, um auf der Nordhalbkugel die grün-glitzernden Polarlichter zu bestaunen, liegen in Skandinavien, Alaska oder Kanada. Allerdings gibt es keine Garantie, dass ihr während eurer Reise in die Polarregion auch wirklich Polarlichter zu sehen bekommt. Die besten Chancen hierfür liegen statistisch gesehen in den Monaten September bis März. Die beste Reisezeit für die Polarlichter auf der Südhalbkugel ist dementsprechend von März bis September. Mögliche Orte, an denen ihr das Naturschauspiel auf der Südhalbkugel zu sehen bekommt, sind Australien, Neuseeland, Südgeorgien, die Falklandinseln, Argentinien oder die Antarktis.

271. Einen Stern benennen ♥☻⏱

Was kann eure ewige Liebe besser besiegeln als ein Stern, den ihr gemeinsam benennt und der mit diesem Namen auch einen Registereintrag erhält? Den nächsten romantischen Spaziergang unterm Sternenhimmel macht ihr dann mit dem Wissen, dass irgendwo da draußen *euer* Stern ist.

272. Lotto spielen ⏱☻

Die Wahrscheinlichkeit für einen Sechser im Lotto liegt bei 1:15.537.73 (Quelle: lotto.de). Mit Superzahl sogar nur bei 1: 139.838.160. Aber was sind schon Zahlen und Wahrscheinlichkeiten. Möglich ist alles. Auf einmal ist Punkt 137 gar nicht mehr so unrealistisch.

273. Eine Detox-Kur machen☻

Den Körper entgiften und dabei vielleicht noch das ein oder andere Kilo verlieren – möglich, wenn ihr es mal mit einer Detox-Kur versucht. Mithilfe von Entspannungsübungen, Bädern und dem Verzicht auf bestimmte Lebensmittel sollen Schadstoffe und Gifte im Körper ausgeschieden werden. Wenn ihr das professioneller angehen und mit Wellness kombinieren wollt, seid ihr in spezialisierten Hotels am besten aufgehoben.

274. In einem Tipi übernachten 🧳

Tipis sind die Zelte der nordamerikanischen Ureinwohner. Wörtlich übersetzt bedeutet das Wort so viel wie *sie wohnen dort*. Auch wenn heute nicht mehr viele Menschen in Tipis leben, gibt es die Möglichkeit, in nachgebauten Tipis, inklusive Lagerfeuer, ein erinnerungswürdiges Naturerlebnis mit einem Hauch von Wildwest zu erleben.

275. Zaubertricks lernen 😊⏱💶

Die Schwierigkeit beim Lernen von Zaubertricks ist es, den Trick so gut zu beherrschen, dass die Illusion perfekt ist. Noch beeindruckender werden die Zaubertricks, wenn ihr als Zauberer-Duo auftretet. Spätestens wenn ihr euren Partner in einer Kiste scheinbar in zwei Teile sägt, seid ihr der Hit auf der nächsten Party. Vielleicht lässt sich so auch ein kleiner Nebenverdienst generieren.

276. Ein Wachsmuseum besuchen 📷🎭

Ein Selfie mit Jonny Depp oder der Queen und das auch noch am selben Nachmittag? In einem Wachsfiguren-Museum alles kein Problem.

277. Eine Broadway-Show besuchen 📷🎭

Der Big Apple ist das Mekka für Musical-Fans. Während hierzulande die Auswahl an Musicals in einer Stadt sehr begrenzt ist, ist die Auswahl am Broadway so riesig, dass ihr am besten mehrere Tage einplant. Der krönende Abschluss nach Ende der Vorstellung ist selbstverständlich der Ausklang des Abends in einer Rooftop-Bar.

278. Mit einem Riesenrad fahren♥️🎡💶

Nicht ohne Grund sind Riesenräder eine häufige Kulisse von Heiratsanträgen. Egal ob tagsüber oder nachts: Die Aussicht, die ihr mit eurem Liebsten im Arm genießen werdet, ist grandios. Im Wiener Riesenrad könnt ihr sogar ein romantisches Candle-Light-Dinner über den Dächern der Stadt erleben.

279. Mit einem Teleskop die Sterne beobachten😊🍀

Der Sternenhimmel kann einen nur immer wieder ins Staunen versetzen. Da wäre es doch spannend mehr über die einzelnen Sternenbilder, Planeten und Monde zu erfahren. Ihr könnt hierfür in ein Planetarium gehen oder euch mit einem eigenen Teleskop selber im Sternenhimmel verlieren.

280. Ein Brot backen✏️💶⏱

Welche Brotsorten gibt es überhaupt? Was gibt es zu beachten, damit die Kruste so richtig schön knusprig wird? Wie funktioniert ein Sauerteig? Fragen über Fragen! Die Antworten hierzu bekommt ihr in einem Brotback-Kurs.

281. Aus einer Kokosnuss trinken ✏ 💶

Aus einer frischen Kokosnuss trinken – noch mehr Tropen-Feeling geht gar nicht mehr. Doch Achtung: Um in diesen Genuss zu kommen, solltet ihr am besten auch vor Ort sein. Denn die Kokosnüsse im heimischen Supermarkt sind hierfür nur bedingt geeignet. Der Saft wird nämlich nicht aus reifen, braunen Kokosnüssen gewonnen, sondern aus den grünen, noch unreifen Kokosnüssen. Hierzulande findet ihr solche Trink-Kokosnüsse bestenfalls in großen Markthallen oder Bio-Läden. Und seien wir doch ehrlich: Mit warmem Sand und Wellenrauschen im Hintergrund schmeckt eine Kokosnuss doch gleich viel besser als auf dem heimischen Balkon.

282. Mit einer Limousine fahren 💶

Sich einmal wie Brad Pitt und Angelina Jolie fühlen, kurz vor dem Moment, in dem die Tür zum roten Teppich aufgeht und das Blitzlichtgewitter der Fotografen losgeht. Egal ob die eigene Hochzeit, Abschlussfeier der Kinder oder einfach nur so. Mietet euch eine Limousine inklusive Fahrer und fahrt standesgemäß vor.

283. Mit einer Vespa durch Rom fahren 📷 💶

La Dolce Vita bedeutet, das Leben so intensiv zu leben wie nur möglich. Eine Einstellung, die zu eurer Bucket List passt. Zum süßen Leben gehört – neben jeder Menge Pizza, Pasta und Amore – auch eine Vespa-Tour durch die kleinen Gassen der Ewigen Stadt.

284. Zusammen den größten Eisbecher auf der Karte bestellen ✏ 📷 ⏱

Bei Eis gilt doch eigentlich immer: je größer, desto besser. Wie praktisch, dass viele Eisdielen Eisbecher für zwei Personen auf der Karten haben. Wenn euch das als Liebhaber der kühlen Kalorienbombe noch nicht genügt, begebt euch am besten auf Reisen. Mehre Ländern, unter anderem die USA und Thailand, werben damit, den größten Eisbecher der Welt zu verkaufen.

285. Eine Gondelfahrt in Venedig 🧳❤️

Eine Gondelfahrt ist der Romantik-Klassiker schlechthin – und das in einer ohnehin schon als sehr romantisch geltenden Stadt. Die Realität sieht leider oft anders aus: überteuerte Preise, überfüllte Kanäle, in denen kein Vorankommen ist und Scharen von Kreuzfahrttouristen, deren Veranstalter im Vorfeld schon alle Gondeln ausgebucht haben. Aber probiert es aus (vielleicht eher in der Nebensaison) und macht eure eigene Erfahrung, auch wenn ihr euch hinterher gemeinsam aufregt. Wenn euch die Bilder von überfüllten Kanälen zu sehr abschrecken oder ihr eine Gondelfahrt in Venedig vieeeeeeeeel zu kitschig findet, macht doch eine Grachtenfahrt in Amsterdam. Hier ist es (noch) wesentlich leerer und günstiger.

286. Mit Fingerfarben malen ✏️ 💶 ⏱️😊

Es gibt Tage, da ist es einfach nur trist draußen und die Stimmung so lala. Solche Tage sind perfekt, um sich mal wieder die Hände dreckig zu machen. Bereitet euch am besten vor und besorgt schon an weniger tristen Tagen Leinwand und Farben. Wenn es euch dann überkommt, kann es sofort losgehen.

> **Spartipp:** Statt Fingerfarben zu kaufen, findet ihr im World Wide Web auch haufenweise Anleitungen von Mamabloggern zum Fingerfarben-Selbermachen.

287. Mit einem Autoscooter fahren 😊

Der Kirmes-Klassiker schlechthin! Es bleibt euch überlassen, ob ihr gemeinsam eine Runde dreht oder euch lieber getrennt ein Rennen durch das Gewusel liefert.

288. Ein Tropenhaus besuchen ♣

Entflieht für einen Nachmittag dem mitteleuropäischen Klima und macht einen Kurztrip in die Tropen. Tropenhäuser findet ihr in vielen botanischen Gärten und Zoos.

289. Zu einer Wahrsagerin gehen😊

Wie sieht wohl eure gemeinsame Zukunft als Paar aus? Werdet ihr für immer zusammenbleiben? Was wird aus euren Wünschen und Träumen? Fragen, die euch vermutlich niemand beantworten kann. Wenn ihr aber schon immer wissen wolltet, was in diesen urigen Jahrmarkt-Wahrsagezelten so abgeht, schlüpft beim nächsten Mal doch einfach rein.

290. Eine Safari in Afrika machen📷🌳

Die Wildnis ruft! Taucht ein in die Savanne Afrikas. Wilde Tiere wie Zebras, Elefanten oder Antilopen in freier Wildbahn zu sehen, ist eine Erfahrung, die ihr so schnell nicht vergesst.

291. Die Currywurst mit dem höchsten Schärfegrad essen 🌶😊

Kennt ihr diese Currywurststände auf Weihnachtsmärkten oder Jahrmärkten an denen Currywürste mit Schärfegraden wie „Endstation" oder „Sterbehilfe" angeboten werden? Eigentlich müsste der Name schon Warnung genug sein. Oder doch alles übertrieben? Testet gemeinsam eure Grenzen und probiert euch langsam die Schärfegrade hoch.

292. Eine Zumba-Stunde besuchen💪

Tanzen, schwitzen, Spaß haben und dabei noch ordentlich Kalorien verbrennen. Klingt verlockend? Ist es auch! Dabei ist Zumba kein reiner Frauensport. Männer sind jederzeit willkommen. Wenn ihr doch lieber ohne Zuschauer abdancen wollt, könnt ihr hierzu eure Spielkonsole oder das WWW nutzen.

293. Billard spielen😊⏱ 💶

Schnappt euch den Queue und liefert euch ein gnadenloses Billard-Match. Der Verlierer gibt dem anderen einen Drink aus. Und danach? Oft gibt es in der Location, wo ihr Billard spielen könnt, auch noch Spielautomaten, Dartscheiben oder Kicker, mit denen ihr euch im Anschluss vergnügen könnt.

294. Schokoladenfondue machen

Schokoladenfondue ist sooo lecker und ein Genuss für alle Sinne. Perfekt für einen kuscheligen Winterabend zu zweit!

295. Zelten gehen

Abgeschiedene Idylle, keine Ablenkung und ganz viel Zeit für gemeinsame Aktivitäten. Klingt gut? Dann schlagt euer Zelt auf und genießt zusammen den nächtlichen Sternenhimmel, die Geräusche der Natur und einen Hauch von Abenteuer. Bevor ihr jetzt das Zelt aus dem Keller kramt und euch in die Nationalparks hierzulande aufmacht, beachtet: Wie in den meisten anderen europäischen Ländern auch ist Wildcampen in Deutschland verboten. Entweder ihr sucht euch daher einen ausgewiesenen Zeltplatz oder ihr weicht nach Schottland, Norwegen, Schweden oder Finnland aus. Hier ist Wildcampen erlaubt. Es versteht sich von selbst, dass ihr euren Zeltplatz nach eurem Abenteuer sauber wieder verlasst, egal wo.

296. Die Tour de France sehen

Die Tour de France ist das bekannteste Radrennen der Welt und gilt nach der Fußball-Weltmeisterschaft der Männer und den Olympischen Spielen als das drittgrößte Sportereignis der Welt. Wie gut, dass es nach Frankreich, im Gegensatz zu so manchen Austragungsorten der Fußball-WM und der Olympischen Spielen, nicht ganz so weit ist.

297. Gegenseitig einen Liebesbrief schreiben

In Zeiten von Textnachrichten und Emojis kommen handgeschriebene Briefe viel zur kurz. Dabei sind handschriftliche Briefe (eventuell mit einem Hauch Parfüm und einem Lippenstift-Schmatzer) nicht nur so viel schöner, sondern lassen sich auch viel besser aufheben, als eine mit Sternchen versehene Textnachricht.

298. In einem Bubble-Hotel übernachten

Eine Nacht unter freiem Sternenhimmel – ein Traum, wenn da nicht Witterung, Insekten und ein bisschen zu wenig Komfort wären. Die Lösung. Eine Übernachtung in einem Bubble-Hotel! Hier ist der Name Programm. Ihr übernachtet in einer durchsichtigen Wohnblase, die im Winter sogar beheizt wird. Der perfekte Kompromiss zwischen Naturnähe und einem Mindestmaß an Komfort.

299. An einem Running Dinner teilnehmen

Ziel eines Running Dinner (alternativ auch *Rudi rockt* oder *Flying Dinner*) ist es, neue Leute kennenzulernen und einen unterhaltsamen Abend zu verbringen. Das Prinzip ist einfach: Jeweils zwei Personen bilden ein Team (natürlich ihr beide). Das Los entscheidet, ob ihr für die Vorspeise, Hauptspeise oder den Nachtisch zuständig seid. Pro Gang trefft ihr dann auf zwei andere Kochpärchen, die die anderen Gänge zubereiten. Um das komplette Drei-Gänge-Menü verspeisen zu können, müsst ihr schnell sein. Die Mahlzeiten werden nämlich bei den jeweiligen Teams zu Hause eingenommen.

300. Die Kirschblüte bewundern

Blühende Kirschlandschaften im Frühling sind nicht nur ein japanisches Phänomen. Auch in unseren Breitengraden finden sich traumhafte Orte, an denen die Kirschblüte bestaunt werden kann. Der wohl bekannteste Ort in Deutschland ist die Heerstraße in Bonn, aber auch andere Großstädte wie Berlin, Hamburg oder Hannover verzaubern mit Hunderten rosafarbener Bäume. Ideal für romantische Spaziergänge zu zweit.

301. In der eigenen Stadt im Hotel übernachten

Eine Hotelübernachtung in der eigenen Stadt? Klingt auf den ersten Blick etwas absurd. Wieso für eine Übernachtung zahlen, wenn das eigene Bett umsonst ist? Nun, zum einen lernt ihr eure Stadt mal aus einer ganz anderen Perspektive kennen und müsst euch mal nicht selber ums Frühstück kümmern. Zum anderen gibt es in vielen Städten interessante Angebote für einheimische Touristen. Hinzu kommt: Beim nächsten Besuch von Freunden oder Familie, könnt ihr dann ein Hotel aus erster Hand empfehlen.

302. Auf dem Eiffelturm küssen 📷 ♥

Paris gilt als die Stadt der Liebe und Romantik. Um dem Ganzen noch eine Krone aufzusetzen (Achtung Klischee), küsst ihr euch so richtig schön romantisch bei Sonnenuntergang auf dem Eiffelturm.

303. Ein Monogramm aus euren Anfangsbuchstaben entwerfen (lassen) ♥

Unter einem Monogramm versteht man kunstvoll gestaltete Buchstaben, die wie ein Logo verwendet werden. Wie wäre es mit einem kreativen Monogramm aus euren beiden Anfangsbuchstaben? Perfekt um Einladungen, Handtüchern, Hemdkragen und Co. das gewisse Etwas zu geben und eure Zusammengehörigkeit zu demonstrieren.

304. In einem Leuchtturm übernachten 📷

Leuchttürme waren in der Schifffahrt einst unverzichtbar, heute eher weniger. Fortgeschrittenen Technologien sei Dank. Zum Glück wurde vielerorts erkannt, dass die abgeschiedene Küstenlage der perfekte Zufluchtsort für Zweisamkeit suchende Paare ist. Zudem steht der Leuchtturm für Sicherheit und Orientierung und hat entsprechend auch eine symbolische Bedeutung. Übernachtungsmöglichkeiten in Leuchttürmen gibt es weltweit in unterschiedlichen Komfortabstufungen.

> **Tipp.** Achtet bei der Buchung unbedingt darauf, ob ihr auch wirklich im Leuchtturm übernachten werdet und nicht in einem Nebengebäude.

305. Bei einem Esswettbewerb zuschauen😛

Wer hält am meisten Schärfe aus und wer kann in einer bestimmten Zeit am meisten in sich hineinschaufeln? Ihr werdet staunen, was professionelle Wettesser in kürzester Zeit alles herunterschlingen können. Solltet ihr über eine Teilnahme nachdenken, bedenkt, dass Esswettbewerbe mit einer Vielzahl von Risiken verbunden sind und man sich als Anfänger schnell in Gefahr begeben kann. Dann doch lieber nur zuschauen und im Anschluss gemütlich Essen gehen.

306. Imkern🌳 💡

Ihr möchtet etwas gegen das Bienensterben unternehmen, verbringt gerne Zeit in der Natur und möchtet ab und an etwas eigenen Honig ernten? Dann könnte die Tätigkeit als Hobby-Imker genau das Richtige dafür sein. Vorausgesetzt ihr habt ein ausreichend großes Grundstück und seid bereit, etwas Geld in eine Imkerausbildung zu investieren. Wenn euch das zu viel ist, könnt ihr auch ohne eigenes Volk zum Wohl der Bienen beitragen, indem ihr eine Bienenpatenschaft übernehmt, ein Wildblumenbeet anlegt oder ein Wildbienenhaus in eurem Garten aufstellt.

307. Einen Roadtrip auf der österreichischen Romantikstraße 📷❤

Auf einer Länge von 380 Kilometern verbindet die österreichische Romantikstraße nicht nur die schönsten Landschaften des südlichen Nachbarlandes, sondern auch zahlreiche romantische Burgen und Schlösser. Mit Salzburg, Hallstatt und der Wachau besucht ihr sogar gleich drei UNESCO-Welterbe-Regionen – und natürlich auch die Hauptstadt Wien.

308. Ein vierblättriges Kleeblatt finden 🌳 📷 ⏱

Angaben zur Häufigkeit von vierblättrigen Kleeblättern schwanken. Mal ist von einer Quote von 1:10.000 die Rede, mal von 1: 5.000. Aber lasst euch nicht entmutigen. Wenn ihr einen vierblättrigen Glücksbringer findet, ist die Wahrscheinlichkeit, einen weiteren in der Nähe zu finden, sogar recht hoch.

309. Weihnachten im Schnee verbringen 📷 ❄

„I'm dreaming of a white Christmas. Just like the ones I used to know." In den meisten Gegenden in Deutschland sind weiße Weihnachten eine sehr seltene Ausnahme. In meiner Heimatstadt in NRW habe ich dieses Phänomen genau einmal erlebt. Zeit, die Location zu wechseln. Orte mit Schneesicherheit gibt es neben Klassikern wie Lappland, Island oder Kanada, auch in so manchen Alpenregionen.

310. Durch einen Wassersprinkler laufen 😊 € ⏱☀

Gönnt euch den Spaß und vor allem das kühle Nass! Nicht nur der Rasen hat an heißen Sommertagen eine Erfrischung verdient.

311. Ein Iris-Fotoshooting machen ♥

Ihr könnt euch an den Augen des jeweils anderen nicht sattsehen und könntet förmlich darin versinken? Ach ja, Liebe kann so schön sein. Mit einem Foto eurer Iris auf Leinwand könnt ihr euch noch viel mehr in den Details verlieren. Ein toller Hingucker für eure Wohnung!

312. Gebärdensprache lernen 💡 🎤 €

Das Erlernen der Gebärdensprache bereichert auf vielen Ebenen. Ihr tragt nicht nur dazu bei, Gehörlosen eine Teilhabe am öffentlichen Leben zu erleichtern, sondern könnt euch ein paar süße Komplimente in Gebärdensprache durchgeben, die nicht gleich jeder mitbekommt.

313. Ein Liebesschloss anbringen♥⏱ €

Ein Liebesschloss mit persönlicher Gravur steht symbolisch für ewige Liebe und eure Verbundenheit. Besonders romantisch ist es, wenn ihr euer Liebesschloss gemeinsam bei einem kleinen Spaziergang (zu Hause oder im Urlaub) anbringt. Aber bitte habt im Hinterkopf: Das Anbringen von Liebesschlössern ist für euch eine romantische Angelegenheit, für viele Städte aber ein Ärgernis. Die Menge an Schlössern kann an Brücken zu Korrosion und Rostschäden führen. Immerhin kommt bei mehreren Tausend Liebesschlössern so einiges an Gewicht zusammen. Aus diesem Grund ist in einigen Städten das Anbringen von Schlössern auch verboten. Seid daher so fair und bringt euer Schloss nicht an Orten an, wo es verboten ist. Das Anbringen an denkmalgeschützten Bauwerken solltet ihr (auch ohne explizites Verbot) ebenfalls noch mal überdenken. Vielleicht habt ihr einen besonderen Ort, an dem nicht schon Hunderte Schlösser hängen, der aber für euch eine besondere Bedeutung hat.

314. An einer Tupperparty teilnehmen☺ €

Tupperpartys sind etwas für Sekt trinkende Hausfrauen und die Sache mit dem Direktvertrieb ist auch nicht so euer Ding? Mag alles sein, aber wie bei so vielen Dingen, kann man viel besser urteilen, wenn man live dabei war. Vielleicht wird es doch ganz lustig. Auch wenn ihr euch fest vornehmt, nichts zu kaufen, erhaltet ihr ein kleines Geschenk (zumindest gehe ich davon aus, dass dem noch immer so ist) und zaubert leckere Snacks mit den Produkten.

315. Von einer Klippe ins Meer springen🤸☀ €

Klippenspringen sieht nicht nur spektakulär aus, sondern ist auch verdammt gefährlich. Unerwartete Windstöße, der Aufprall aus großer Höhe und Strömungen können schnell gefährlich werden. Daher springt auf keinen Fall an einer menschenleeren Küste einfach drauf los. Erfahrene Veranstalter haben das nötige Know-how und die optimale Ausrüstung, damit ihr trotz Nervenkitzel und Adrenalinkick sicher unten ankommt.

316. Gemeinsam ehrenamtlich tätig werden

Hinter einem ehrenamtlichen Engagement steckt immer eine Sache, die einem wichtig ist. Sei es Tierschutz, ein Sportverein oder die Integration von Flüchtlingen. Bei einem gemeinsamen Ehrenamt verbringt ihr nicht nur viel Zeit gemeinsam, sondern tretet für eine Sache ein, die euch verbindet.

317. Eine Univorlesung besuchen

In den allermeisten Uni-Vorlesungen gibt es keine Anwesenheitspflicht oder gar Teilnehmerliste (in Seminaren und Übungen schon eher). Zwei Teilnehmer mehr oder weniger fallen daher kaum auf, zumal es in beliebten Studiengängen wie BWL ohnehin sehr voll ist. Geht doch mal das Vorlesungsverzeichnis der örtlichen oder nahegelegenen Universität durch. Welche Themen interessieren euch? Astrophysik, keltische Mythologie oder doch lieber Gender Studies? Hinterher heißt es dann, gemeinsam in der Mensa zu schlemmen (auch Nicht-Studenten können hier essen, zahlen aber etwas mehr).

> **Tipp:** Geht zu Beginn des Semesters in eine Vorlesung, die auch von Erstsemestern besucht werden kann. Dann werdet ihr nicht gleich von fortgeschrittenem Stoff erschlagen.

318. Einen Harry Potter-Marathon veranstalten

Um alle Harry Potter Filme hintereinander zu schauen, braucht ihr rund 20 Stunden. 20 Stunden, die ihr mit ganz viel kuscheln, Bertie Botts Bohnen, Schokofröschen und Butterbier verbringen könnt.

319. Auf einer einsamen Insel übernachten

Wahrscheinlich habt ihr jetzt eine unbewohnte Südsee-Insel im Sinn, aber so unrealistisch ist diese Idee gar nicht. Hierzu müsst ihr nicht einmal good old Europe verlassen und auch kein Vermögen hinblättern. Googelt zum Beispiel nach der Insel Otok Ravna Sika in Kroatien oder Coz Castel in der Bretagne.

320. Jodeln lernen 💡 😊

Jodeln mag sich lustig anhören, aber erfordert neben der richtigen Atemtechnik vor allem eins: Mut.

Also nichts wie los in die Berge und macht gemeinsam einen Jodelkurs. Wer kann schon von sich behaupten, ein echtes Jodeldiplom zu besitzen.

321. Einander ein Outfit im Second Hand Store kaufen 😊 💰

Secondhand ist nicht nur nachhaltig und günstig, sondern hat auch viel mehr Stil als die neuste Sommerkollektion des Textil-Schweden. Immerhin läuft in eurem Outfit nicht jeder zweite rum.

322. In einen Kältetank steigen 🏃 😊

Zum Vergleich: Der globale Kälterekord liegt bei minus 89,2 °C, gemessen an der sowjetischen Forschungsstation Wostok in der Antarktis. In einer Kältekammer verbringt ihr ca. drei Minuten bei bis zu minus 150 °C! Dem Kälteschock werden zahlreiche gesundheitsfördernde Eigenschaften zugesprochen. Nicht umsonst setzen viele Spitzensportler auf Trainings in der Kältekammer. Jetzt bleibt nur noch die Frage: Wer traut sich zuerst?

323. Ein ausgefallenes Paar-Kostüm an Karneval oder Halloween tragen 😊

Egal ob ihr euch als Romeo und Julia, Harley Quinn und Joker oder als Vampire verkleidet – lasst eurer Fantasie freien Lauf und zieht mit eurem Kostüm alle Blicke auf euch.

324. Unter einem Wasserfall küssen ❤️ 🌳 📷

Klingt auf jeden Fall romantischer, als es eigentlich ist, wenn nebenbei die Wassermassen auf euch herunterprasseln. Aber probiert es doch einfach selbst. Fürs Foto könnt ihr euch dann wieder vor den Wasserfall stellen.

325. Gemeinsam ein Business starten 😊

In euren Vollzeitjobs seid ihr mehr als ein Drittel des Tages getrennt voneinander. Noch ein Grund mehr, ein eigenes Business auf die Beine zu stellen.

326. Random Act Of Kindness

Die Welt wäre ein so viel besserer Ort, wenn wir alle ein wenig netter zueinander wären. Ihr könnt jetzt zustimmend nicken oder direkt mit gutem Beispiel vorangehen. Ein Random Act of Kindness beschreibt eine gute Tat, die sich an niemanden Bestimmtes richtet. Ihr macht also einem Wildfremden eine Freude. So völlig ohne Gegenleistung und oftmals auch ohne als Wohltäter in Erscheinung zu treten.

Ein paar Ideen zur Inspiration:

- Eine Münze im Snackautomat stecken lassen
- Übernehmt das Wischen des Hausflurs für eure Nachbarn
- Haltet dem nächsten Kunden die Tür auf (nicht selbstverständlich)
- Macht einer fremden Person ein Kompliment
- Hinterlasst in einem Buch in der Bücherei ein selbst gemachtes Lesezeichen
- Ladet einen Obdachlosen auf eine warme Mahlzeit ein
- Gebt euer noch gültiges Parkticket einer anderen Person

327. Im Radio euer Lied wünschen

Ihr habt euer Lied bestimmt schon Hunderte Male gemeinsam gehört, aber bestimmt noch nicht mit persönlicher Ansage im Radio. Die meisten Radiosender freuen sich, wenn hinter einem Liedwunsch eine so schöne Liebesgeschichte wie eure steckt.

328. Gastgeber einer Mottoparty sein

Hippie, Superhelden, St. Patrick's Day, Bad Taste oder Mad Men – Mottos gibt es mindestens so viele wie Diskussionsthemen in Talkshows. Bereits die Vorbereitung wird ein Spaß, wenn es darum geht, stilechte Rezepte herauszusuchen und dem Motto entsprechend zu dekorieren.

329. An einer Extremwanderung teilnehmen ♥♣☻

Mit Sicherheit kennt ihr das schmerzhafte Gefühl in den Füßen, wenn ihr nach einem anstrengenden Sightseeing-Tag die Schuhe auszieht und euer Smartphone euch mitteilt, dass ihr ganze 20 km zurückgelegt habt. Jetzt stellt euch bitte vor, noch weitere 80 km laufen zu müssen. Diese Distanz gilt es bei Extremwanderungen wie dem Mammutmarsch oder Megamarsch zu bewältigen. Ist euch das im ersten Schritt doch ein wenig zu krass, gibt es auch kürzere Varianten mit „nur" 30 km oder 55 km.

....

Erfahrungsbericht Mammutmarsch

„Lass mal hieran teilnehmen :D". Mit diesen eigentlich so gar nicht ernst gemeinten Worten schickte ich meiner besseren Hälfte den Link zur Facebook-Veranstaltung vom Little Mammutmarsch Ruhrgebiet. Was ich nicht erwartet habe, war ein „Ja cool, lass mal machen".

Also mal genau schauen, was es mit diesem Mammutmarsch eigentlich auf sich hat: „55 km wandern ... Klingt ja eigentlich ganz machbar. Ist ja nur gehen. Wieso eigentlich nicht? Sicher eine coole Erfahrung!" Eine krasse Fehleinschätzung, wie sich später herausstellte, aber in dem Moment genau die richtige Einstellung, um sich zu so einem Event anzumelden.

Also einfach angemeldet. Unsere bisherige Wandererfahrung: Maximal 15 km. Bis zum großen Event hatten wir jetzt noch vier Monate Zeit, um uns vorzubereiten. Unser Plan: Beginnend mit einer 17 km langen Route packen wir alle zwei Wochen ein paar Kilometer drauf bis zur Generalprobe: Einer 40 km langen Strecke.

Am Anfang alles kein Problem. 17 km ... 24 km ... Pillepalle. Für beide Wanderungen hatten wir sogar noch ein paar Mitstreiter dabei. Ab Kilometer 30 hieß es dann nur noch wir beide und ab diesem Punkt fing es dann auch an, an die Substanz zu gehen. Während wir normalerweise die Schönwetter-Wanderer sind, hieß es jetzt, alle zwei Wochen früh aufstehen und egal ob Regen oder Sturm(!) rein in die Wanderschuhe. Von Genusswandern war hier schon keine Rede mehr. Die Knie schmerzten und jeder Seitenstreifen wurde genutzt, um nicht über harten Asphalt laufen zu müssen. Die Teilnahme absagen, war keine Option, auch wenn ich mich fragte, wie wir das eigentlich schaffen wollten, wenn schon 40 km die reinste Tortur waren.

Und dann war er auch schon da, der große Tag. Ein strahlend schöner Ostersamstag.

Die ersten 12 km bis zum ersten Versorgungspunkt waren im Pulk noch im Nullkommanix erwandert. Ab Kilometer 25 fing es dann so langsam an, nicht mehr ganz so spaßig zu sein. Ab Kilometer 43 (der letzte Versorgungspunkt) war es dann die reinste Folter. Aber jetzt noch aufgeben und wie so viele andere ein Taxi rufen? Auch keine Option! Egal wie spät wir ankommen. Also gingen wir ganz langsam, Schritt für Schritt, weiter und pausierten alle 500 m ein paar Minuten. Ich bin mir sicher, alleine hätten wir beide in der Dunkelheit schon längst aufgegeben. Aber zu zweit hat immer jemand ein Fünkchen Energie, um zum Weitermachen zu motivieren. Und so haben wir es dann geschafft. Nach 14

Stunden erreichten auch wir das Ziel und nahmen stolz unsere Urkunden und die Medaillen in Empfang.

Warum sich die Strapazen lohnen und wieso eine Extremwanderung eine tolle Erfahrung für Paare ist:

+ Jeder wird seine Durchhänger haben, aber als Team motiviert ihr euch immer wieder gegenseitig
+ Ihr verbringt extrem viel Zeit miteinander. Zeit, die ihr mit intensiven Gesprächen verbringen könnt, aber nicht müsst.
+ Das Lauftempo, körperliche Grenzen, Anzahl und Länge der Pausen – die Bedürfnisse können hier ganz unterschiedlich sein. Es gilt also, Kompromisse zu finden und auf den anderen zu achten.
+ Ihr werdet definitiv viel herumkommen und wunderschöne Ecken in eurer Umgebung entdecken.
+ Und zu guter Letzt: Eine Extremwanderung, egal ob 30, 50 oder 100 km, ist eine beeindruckende Leistung, auf die ihr stolz sein könnt. Die wenigsten gehen diese Strecken einmal im Leben am Stück. Eine unglaubliche Erfahrung, die ihr teilt und an die ihr euch immer wieder zurückerinnern werdet.

....

330. Eine gemeinsame Tradition starten♥

Traditionen sorgen nicht nur an Weihnachten für Geborgenheit, sondern schaffen das ganze Jahr über eine Verbindung. Wie wäre es mit einem gemeinsamen Wellness-Tag im Monat, einem Museumsbesuch am ersten Weihnachtstag, Ostern Kekse backen oder ein jährliches Fotoshooting an eurem Kennenlerntag.

331. Einen Wasserpark besuchen

Hiermit ist nicht irgendein Schwimmbad gemeint. Einige Wasserparks können mit Freizeitparks ohne Weiteres mithalten. Freier Fall, Looping, Schwarze Löcher, Wasserkatapulte und Geschwindigkeiten, bei denen euch der Atem stockt, sind nur ausgewählte Highlights.

332. An einem Speeddating teilnehmen und gemeinsam die Veranstaltung verlassen😃

Wie es wohl so ist, bei einem Speeddating alle paar Minuten einem neuen Tischpartner gegenüberzusitzen? Was für Leute wohl bei so einer Veranstaltung unterwegs sind? Findet es gemeinsam heraus! Meldet euch gemeinsam an, lernt ein paar nette Menschen kennen und wundert euch über die verdutzten Gesichter, wenn ihr im Anschluss Hand in Hand die Bar verlasst.

333. Mit einem Tretboot fahren😃 💶

Endlich ungestört etwas Zeit zu zweit verbringen, die Natur genießen und hinterher sagen können, Sport gemacht zu haben. Perfekt!

334. Eine Nacht in einem Geisterhotel übernachten📷✈

Ihr glaubt nicht an Geister? Zeit, diese Annahme gemeinsam zu überprüfen. Hotels, in denen Geister ihr Unwesen treiben sollen und über die von seltsamen Vorkommnissen berichtet wird, gibt es weltweit und sogar hier in Deutschland. Allein die Geschichten rund um eure Unterkunft werden dafür sorgen, dass ihr euch bei knarrenden Fußböden, Türen, die von selbst in Schloss fallen oder flatternde Gardinen in scheinbar windstillen Räumen fragt, ob alles nur Einbildung ist oder doch eine verlorene Seele umherirrt, die keinen Frieden findet.

Inspiration gefällig? Nehmen wir das Stanley Hotel im US-Bundesstaat Colorado. Hier hat sich nach eigener Aussage sogar Stephen King gegruselt und ihn dazu noch inspiriert seinen Bestseller *Shining* zu schreiben. Auf was ihr euch im Stanley Hotel gefasst machen könnt: Gelächter, Klaviermusik und Gläserklirren in menschenleeren Räumen und die ein oder andere Begegnung mit einem Geist.

335. Die Orte von Shakespeares Romeo und Julia besuchen 📷 ❤

„Romeo und Julia" ist eine der bekanntesten und gleichzeitig tragischsten Liebesgeschichten der Welt. In Verona („in fair Verona, where we lay our scene") könnt ihr Orte wie Julias Balkon und Julias Grab besichtigen oder den Fluchtweg Romeos nachverfolgen.

Wenn ihr kurz recherchiert, werdet ihr feststellen: All diese Schauplätze der berühmtesten Liebesgeschichte der Weltliteratur haben in der Realität so nicht existiert. Verona ist aber allein schon wegen des Amphitheaters und des nahen Gardasees eine Reise wert.

336. Macarons selber machen 🖊 € ⏱

Bunte Macarons sorgen für gute Laune! Die kann einem beim Backen allerdings leicht vergehen. Denn beim Zubereiten des bunten Gebäcks kann so einiges schiefgehen. Vermutlich werdet ihr einige Fehlschläge erleiden, bis euch das französische Nationalgebäck gelingt. Wenn ihr auf Nummer sicher gehen wollt, schaut, ob nicht ein kleines Café in eurer Nähe einen Kurs anbietet. Alternativ könnt ihr bei BakeNight neben Back-Events vor Ort auch Online-Kurse buchen.

337. Eine Kuh melken 😊 €

Wie schmeckt eigentlich frische Milch? Eine Frage, der ihr auf den Grund gehen könnt, wenn ihr selber einmal Hand anlegt. Bevor ihr jetzt auf die nächste Weide rennt und die nächstbeste Kuh bei den Eutern packt (was ganz schön gefährlich werden kann), lasst euch den Tipp geben, dass einige Höfe Urlaube anbieten, bei denen ihr auch in die Kunst des Melkens eingewiesen werdet.

338. Insekten essen 🖊

Was im ersten Moment nach einer fiesen Dschungel-Prüfung klingt, ist in vielen Ländern eine beliebte Delikatesse. Für geröstete Wespen und Wurm-Burger spricht nicht nur der hohe Proteingehalt, sondern auch die wesentlich klimaschonendere Produktion. Jetzt müsst ihr euch nur noch trauen. Entweder in einem Restaurant mit Krabbelviechern auf der Speisekarte oder sogar in eurer heimischen Küche.

339. Den Indian Summer in Neuengland erleben

Die Ostküste der USA und Kanadas ist das ganze Jahr über sehr sehenswert, aber im Frühherbst einfach nur magisch – wie ein gelb- orange-rotes Laubfestival. Ideal zum Wandern, Angeln, Kajakfahren oder einfach nur zum Dasitzen und Staunen. Verbindet den Indian Summer doch mit einer Rundreise entlang der Ostküste. Der ideale Ausgangspunkt, um das kunterbunte Farbenspiel zu bestaunen, ist die geschichtsträchtige Metropole Boston.

340. Übernachten in einem sleeperoo Cube

Was bitte ist ein „sleeperoo Cube"? Klingt futuristisch? Ist es auch. Immerhin haben die ca. zwölf Kubikmeter großen Cubes einen Design-Award gewonnen und erlauben euch, euer Schlafzimmer an außergewöhnliche Orte zu verlegen. Hier wären zum Beispiel ein Strand, eine Lama-Wiese, ein Maislabyrinth, ein Sternenpark, eine Burgruine oder das Deck eines Schiffes.

341. Mit Delfinen in freier Wildbahn schwimmen

Die Betonung liegt auf *freier Wildbahn* und nicht: in Gefangenschaft. Ihr werdet definitiv etwas recherchieren müssen, um einen seriösen Anbieter zu finden, der das Tierwohl vor den Profit stellt und natürlich eine Reise auf euch nehmen, aber dafür dürft ihr in den Genuss eines Erlebnisses kommen, das ihr sicher euren Lebtag nicht vergesst.

342. Snowboarden

Lasst euch von den Profis nicht einschüchtern. Eine gute Snowboard-Schule macht euch fit, für eure ersten Fahrversuche.

343. Blobbing

Woher Blobbing seinen Namen hat? Ganz einfach: Beim Blobbing sitzt ihr auf einer Art schwimmenden Hüpfburg, dem Blob, welche auf Wasser schwimmt. Eine andere Person (euer Partner) springt von einem Sprungturm ebenfalls auf den Blob und katapultiert euch so in hohem Bogen ins Wasser.

344. An einem Strand mit schwarzem Sand spazieren gehen 📷

Moment … Schwarze Strände? Ganz genau! Weiße Tropenstrände kann doch jeder. Insbesondere auf Teneriffa, Island oder Hawaii werdet ihr an vielen Stränden feinen schwarzen Sand antreffen. Verdanken könnt ihr die pechschwarzen Strände den vulkanischen Aktivitäten, die nebenbei auch für ein weiteres Highlight – die üppige Vegetation – verantwortlich sind.

> **Achtung:** Der schwarze Sand erwärmt bei prallem Sonnenschein schneller und wird unangenehm heiß.

345. An einem Strand mit rosa Sand spazieren gehen 📷

Wenn euch schwarze Strände zum Staunen bringen, haltet euch fest: An einigen Traumstränden dieser Welt haben Schalenreste von Korallen den Sand in ein zartes Rosa gehüllt. Mein persönlicher Tipp für einen rosa-romantischen Strandspaziergang: die kleine Insel Elafonisi vor Kreta.

346. Eine Lesung besuchen

Autorenlesung? Klingt zunächst so trocken wie die Aussicht auf einen Sandsturm in der Sahara. Damit euer Erlebnis nicht auf diese Weise endet, lasst euch ein paar Tipps mit auf den Weg geben:

1. Wählt fürs erste Mal einen Autor, den ihr bereits kennt oder zumindest ein Genre, was euch zusagt.
2. Lest ein paar Rezensionen durch, hört ins Hörbuch rein oder schaut auf YouTube. Manche Autoren schreiben zwar richtig spannend, aber sind nicht gerade geübt im Vorlesen.
3. Nehmt etwas Kleingeld mit. In den meisten Fällen überkommt es einen dann erfahrungsgemäß doch, das signierte Buch im Anschluss käuflich zu erwerben.

Ansonsten seid wie immer offen. Viele Autoren verraten euch, wie Ihnen die Idee zum Buch gekommen ist, und werden sich im Anschluss euren neugierigen Fragen stellen.

347. Mit einem Jetski fahren 🏄

Die schlechte Nachricht vorweg: Um Jetski zu fahren, benötigt ihr einen Sportführerschein. Immerhin brettert ihr mit bis zu 130 km/h übers Wasser. Die gute Nachricht ist allerdings: Mit einem ausgebildeten Instruktor an Board dürft ihr dennoch ans Steuer. Wenn euch der Geschwindigkeitsrausch gefallen hat und ihr gern gemeinsam ohne den Instruktor auf einem Jetski die Weltmeere unsicher machen wollt, könnte der nächste Punkt auf eurer Bucket List dann besagter Führerschein sein.

348. Bei einem Line Dance mitmachen 💟☻

Kennt ihr die Line-Dance-Szene aus dem Film *Footlose* (2011)? Nein? Dann schaut unbedingt rein! Line Dance kommt ursprünglich aus den USA und ist eine Tanzform, bei der die Tänzer in Reihen und Linien neben- und voreinander zu Pop- oder Country-Musik tanzen. Klingt nach einem spaßigen Nachmittag und vielleicht wird Line Dance ja zu eurem gemeinsamen Hobby.

349. Den Urlaub in einem Hausboot verbringen 🧳

Ahoi ... Die See ruft. Ein Hausboot ist Hotel und Fortbewegungsmittel in einem. In vielen Regionen, z. B. an der Mecklenburgischen Seenplatte, benötigt ihr für einen Hausboot-Urlaub nicht einmal einen Bootsführerschein.

350. An einer Scavenger Hunt teilnehmen😊 💶

Das deutsche Äquivalent für den Begriff Scavenger Hunt ist am ehesten die klassische Schnitzeljagd. Nur dass eine Scavenger Hunt viel cooler ist. Ihr bekommt eine Liste von lustigen Foto-, Video- oder Textaufgaben. In einem festgelegten Zeitraum gilt es dann, alle Aufgaben in nicht festgelegter Reihenfolge als Team zu lösen und Punkte zu sammeln. Als Beweis für die gelöste Aufgabe ladet ihr ein Foto in der App hoch.

Scavenger Hunts werden häufig im Rahmen des Stadtmarketing von Städten, auf Festivals oder von Universitäten für neue Studenten angeboten. Eine zentrale Seite gibt es (meines Wissens) leider nicht. Also haltet die Augen offen!

351. Ein passives Einkommen erwirtschaften ✏

Kennt ihr das? Ihr klickt die Werbung in einem YouTube-Video nicht schnell genug weg und schon erzählt ein braun gebrannter Jüngling am Strand von Thailand, dass er nur noch wenige Stunden pro Woche arbeitet, während das Geld in Strömen auf sein Konto fließt? Mein Tipp ist, jetzt auf keinen Fall, dem Jüngling im Video euer Geld anzuvertrauen und in irgendwelche dubiosen Geschäfte zu investieren. Aber vielleicht habt ihr den einen oder anderen Skill, mit denen ihr einen netten Nebenverdienst generieren könnt.

352. Beim Room Service bestellen😊 🧳

Wie klingt das: Ihr liegt im Pyjama (oder auch ohne Pyjama) im Bett, schaut euch irgendeine Sitcom an und erholt euch von einer anstrengenden Sightseeing-Tour. Jetzt noch einmal aufstehen, um irgendwo eine Pizza zu essen oder sich fürs Hotel-Restaurant fein zu machen? No way! Stattdessen greift ihr zum Hörer und gönnt euch ein ordentliches Clubsandwich inklusive einem kalorienhaltigen Nachtisch.

353. Eine private Wellness-Suite buchen 🕯

Ihr wollt mal so richtig entspannen und dabei nur unter euch sein? Etwas Zweisamkeit genießen ohne überfüllten Whirlpool und eine Saunatür, die ständig auf- und zugeht? Dann freut euch! Denn eure Gebete wurden erhört. Anbieter wie MyWellness und Wellnest eröffnen in immer mehr Städten private Wellnesstempel mit Sauna/Dampfbad, Whirlpool und Co., die ihr euch für ein paar Stunden buchen könnt.

354. Ein Kartenhaus bauen 😊⏱ 💶

Ein Kartenhaus bauen kann man als sinnlosen Zeitvertreib sehen. Man könnte diese Aktivität aber auch als wunderbare Übung sehen, um Konzentration, Teamwork und motorische Fähigkeiten zu fördern.

355. An einem Yoga-Retreat teilnehmen 🕯 💚

So ein Urlaub ist eine ideale Möglichkeit, um die Seele baumeln zu lassen und Stress abzubauen. Genauso wie Yoga. Wieso dann nicht beides kombinieren? Als kleines Extra habt ihr noch euren Herzensmenschen an eurer Seite.

356. Ein Tennis-Doppel gegen ein anderes Paar gewinnen 💚 💶

Den beiden zeigt ihr, wie der Hase läuft, oder? Und wenn nicht, könnt ihr euch zumindest hinterher gegenseitig ein bisschen trösten.

357. Eine Kampfsportart lernen 💚

Kampfsport stärkt nicht nur das Selbstbewusstsein und verbrennt ordentlich Kalorien, sondern kann in brenzligen Situationen helfen, einen Angreifer abzuwehren. Es ist doch gut zu wissen, dass euer Schatz sich in einer Gefahrensituation zu verteidigen weiß.

358. Im Toten Meer baden 🧳

Das Tote Meer trägt seinen Namen aus einem naheliegenden Grund. Mit einem Salzgehalt von einem Drittel (was zehnmal salziger ist als Meerwasser) ist es als Lebensraum für Fische oder andere größere Tiere ungeeignet. Mittlerweile passt der Name noch aus einem weiteren traurigen Grund: Voraussichtlich bis zum Jahr 2050 wird das Tote Meer komplett ausgetrocknet sein, da für die Landwirtschaft und Industrie die Zuflüsse angezapft werden. Temperaturen von bis zu 50 °C tun ihr Übriges. Wenn ihr also einmal im Leben auf dem Wasser treiben und dabei Zeitung lesen wollt, beeilt euch. Schon jetzt müsst ihr von den Hotels, die ehemals direkt am Ufer lagen, einige Hundert Meter bis zum Wasser gehen.

359. Bodypainting selber machen ✏️❤️ 💶

Ein Gemälde, an dem ihr euch mit Sicherheit nicht sattsehen könnt. Leider aber auch ein sehr vergängliches Gemälde. Wie lange werdet ihr dem Anblick wohl widerstehen können? Richtig sinnlich und lecker wird es, wenn ihr Schokoladenfarben benutzt. Wollt ihr das Ganze mit einem kleinen Fotoshooting verbinden, sind Schwarzlichtfarben das Mittel der Wahl.

360. Ein Modellflugzeug zusammenbauen ✏️☺

Der Modellflugzeugbau ist ein Hobby, in das man gut und gerne mehrere Hundert Euro stecken kann. Aber keine Angst, es gibt auch deutlich günstigere Einsteigermodelle. Jetzt müsst ihr euch nur noch einig werden, wer den Jungfernflug machen darf.

361. Ein paar Monate im Ausland leben 🧳

Dort arbeiten, wo andere Urlaub machen, mag wie ein Traum klingen. Allerdings kein absolut unrealistischer, wenn ihr die Fakten und Möglichkeiten checkt. Wohin es euch auch zieht, die Vorteile liegen auf der Hand:

- Ihr vertieft eure Sprachkenntnisse
- Eure Toleranz gegenüber anderen Menschen und Kulturen steigt
- Ihr werdet unabhängiger und selbstständiger
- Als Paar werdet ihr gemeinsam wachsen und eine unglaubliche Erfahrung miteinander teilen
- Ihr habt die Chance, euch neu zu finden, nicht nur beruflich
- Ihr taucht in eine völlig neue Lebensweise ein

362. Schnaps selber brennen 🥃

Ihr wolltet schon immer wissen, wie das Hochprozentige eigentlich in euer Glas kommt? Dann könnt ihr entweder eine Führung durch eine *Destillerie* machen oder euch die hohe Kunst des Schnapsbrennens aneignen. Allerdings aufgepasst: Die Regelungen zur Spirituosenherstellung sind sehr streng, u. a. benötigt ihr in Deutschland eine Erlaubnis durch das Hauptzollamt. Andernfalls könnte euch Steuerhinterziehung und illegale Alkoholherstellung vorgeworfen werden. Deshalb: Informiert euch vorher gründlich, was erlaubt ist und was nicht.

363. Social Media Detox 🧘 ❤

Ihr habt das Gefühl, der Partner ist viel zu oft am Smartphone oder bemerkt diese Unart auch bei euch selber? Dann sagt gemeinsam „Stopp" zur virtuellen Welt und „Hallo" zu mehr Zweisamkeit und Achtsamkeit im Hier und Jetzt. Lasst bei euren gemeinsamen Unternehmungen das Mobilgerät zu Hause oder bucht euch ein paar Tage Auszeit, an denen ihr für nichts und niemanden erreichbar seid. Im Notfall seid ihr immer noch über die Rezeption zu erreichen.

364. Einen Lost Place besichtigen 📷 💶 ⏱

Lost Places (auf Deutsch: verlassene Orte) sind Orte wie leer stehende Gebäude und zerfallene Schlösser, die vom Menschen verlassen und langsam von der Natur zurückerobert werden. Die perfekte Kulisse für Fotografen und all jene, die ihrer Fantasie freien Lauf lassen wollen. Wer hat hier einmal gelebt? Warum wurde das Gebäude aufgegeben? Gibt es vielleicht eine düstere Vergangenheit? Spukt es hier vielleicht? Gebt euch gemeinsam dem Charme des Verfalls hin und spürt, wie es euch an der einen oder anderen Stelle eiskalt den Rücken herunterläuft. Viele Lost Places wie die Beelitz-Heilstätten bei Berlin, Schloss Dwasieden auf Rügen oder der Spreepark in Berlin sind öffentlich bekannt, während andere Lost Places noch wahre Geheimtipps sind. Leider geht eine gewisse Bekanntheit auch immer mit Vandalismus einher. Bitte versucht daher euren Besuch nicht an die große Glocke (sprich: Instagram) zu hängen und verhaltet euch respektvoll. Bevor ihr euch auf Entdeckungstour begebt, beachtet auch, dass sich die meisten Orte in staatlichem oder privatem Besitz befinden und der Zutritt ohne Genehmigung des Eigentümers verboten ist. Weiterhin sind viele Gebäude baufällig und das Betreten ist mit einem nicht unerheblichen Risiko verbunden.

365. Cocktails auf Hawaii schlürfen 📷 ✈

Maui Mule, *Blue Hawaii* … Nicht umsonst haben diese Cocktails einen deutlichen Bezug zum 50. Bundesstaat der USA. Für wahre Cocktail-Fans also ein absolutes Muss, einmal im Leben unter Palmen und sanften Aloha-Klängen im Hintergrund einen Cocktail zu schlürfen.

366. Gemeinsam den Super Bowl schauen 🙂 💶

Der Superbowl ist *das* sportliche Ereignis in den USA. Auch wenn ihr nicht die größten Football-Fans seid, ist das Finale der US-amerikanischen American-Football-Profiliga allein schon wegen der Halbzeit-Show (wir erinnern uns: Hier haben sich Madonna und Britney Spears geküsst) ein Highlight. Einziger Haken: Aufgrund der Zeit-Verschiebung findet der Superbowl immer Montagfrüh ab 0:30 Uhr statt.

367. Drei Gänge in drei verschiedenen Restaurants bestellen

Ihr könnt euch absolut nicht entscheiden, in welchem Restaurant ihr essen wollt? Müsst ihr auch gar nicht. Praktischerweise sind die Speisekarten in Vorspeise, Hauptspeise und Dessert aufgeteilt. Nehmt jede Mahlzeit in einem anderen Restaurant ein. Durch den kleinen Spaziergang bekommt ihr mit Sicherheit auch wieder Hunger auf den nächsten Gang. Eine Supermethode, wenn ihr z. B. in einer neuen Stadt seid·und so viel wie möglich von den kulinarischen Highlights mitnehmen möchtet.

368. Eine Nachtwanderung durch den Wald machen

Früher das Highlight auf jeder Ferienfreizeit und heute immer noch ein kleines Abenteuer. Ausgerüstet mit eurem Smartphone seid ihr im digitalen Zeitalter sogar ziemlich sicher, euch nicht zu verlaufen.

369. Eine Weltreise planen

Sydney, die Rocky Mountains oder die Blaue Lagune in Island – wo würdet ihr überall Station machen, wenn ihr euch für ein paar Monate verabschieden und auf Weltreise gehen würdet? Plant gemeinsam die Route und kalkuliert das benötigte Budget. Vielleicht bleibt es nicht nur bei einem Plan. Falls doch, habt ihr aber immerhin genug Ziele für eure nächsten Urlaube.

370. Beim Tai-Chi im Park mitmachen

Tai-Chi? Ist das nicht das, was die älteren Herrschaften im Park machen? Jup! Tai-Chi wird leider oft ein wenig belächelt. Dabei sagt ein chinesisches Sprichwort, wer täglich Tai-Chi übt, wird geschmeidig wie ein Kind, kräftig wie ein Holzfäller und gelassen wie ein Weiser. Von täglich muss nicht gleich die Rede sein, ein gemeinsamer Ausgleich zum stressigen Alltag ist aber vielleicht gar keine so schlechte Idee.

371. Gemeinsam demonstrieren gehen 🎤 💶

Ihr passt zusammen, weil ihr die gleichen Ansichten und Werte verteilt? Dann teilt eure Ansichten nicht nur theoretisch, sondern tretet gemeinsam für eure Sache ein. Sei es durch Teilnahme an einer Demonstration oder durch eine Unterschriftensammlung.

372. Ein Fahrsicherheitstraining absolvieren 🚗

Bei einem Fahrsicherheitstraining lernt ihr Situationen kennen, die im normalen Fahrschulalltag eher selten vorkommen. Ihr erhaltet nicht nur gute Tipps, wie ihr im Ernstfall am besten reagiert, sondern seid künftig auch etwas beruhigter, wenn eure bessere Hälfte allein längere Strecken unterwegs ist.

373. Einen Prominenten treffen 😊 💶

Es gibt da diese eine Person, deren Musik die Anfangsphase eurer Beziehung geprägt hat? Oder jemanden, dem ihr einfach eure Bewunderung für sein öffentliches Engagement aussprechen wollt? Dann begebt euch gemeinsam auf Promijagd und sichert euch das begehrte Selfie mit eurem Idol.

374. Als Knochenmarkspender registrieren 🎤 💶

Alle 15 Minuten erhält in Deutschland ein Mensch die alles verändernde Diagnose Blutkrebs. Die einzige Chance auf Heilung ist häufig nur eine Stammzellenspende. Die Suche nach einem geeigneten Spender gleicht dabei der Suche nach der berüchtigten Nadel im Heuhaufen. Selbst wenn ihr euch als Spender registriert habt, ist eher unwahrscheinlich, dass ihr auch wirklich Stammzellen spendet. Falls doch, habt ihr aber mit hoher Wahrscheinlichkeit einem Menschen das Leben gerettet. Was ihr hierfür tun müsst: Zuerst einmal nur einen Abstrich eurer Wangenschleimhaut abgeben. Sollte ein Patient mit euren Gewebemerkmalen gefunden werden, stehen weitere Tests an. In den meisten Fällen werden eure Stammzellen aus dem Blut entnommen. In selteneren Fällen auch aus dem Rückenmark. Weitere Informationen findet ihr unter https://www.dkms.de

375. Eine Modenschau besuchen

Was trägt eigentlich die modebewusste Frau oder der modebewusste Herr von Welt in der nächsten Saison? Am besten werdet ihr die Antwort auf diese Frage auf einer Modenschau beantwortet bekommen. Ob ihr die Fummel auch wirklich tragen wollt, ist eine andere Frage.

376. Den Jakobsweg wandern

Von den Pyrenäen bis zum Apostelgrab in Santiago de Compostela erstreckt sich der Jakobsweg über knapp 800 km, was einer ungefähren Dauer von fünf bis sechs Wochen entspricht. Klingt verdammt anstrengend, aber ihr werdet am Ende eures Weges auch verdammt stolz auf euch sein und unterwegs viel Zeit zum Reden und auch Schweigen haben.

377. Ein gemeinsames Kochbuch anlegen

Ja, schon klar, ein Kochbuch lässt sich auch digital bei Chefkoch und Co. anlegen. Aber wie sieht es aus mit euren Familien-Rezepten und eigenen Kreationen? Geht wahrscheinlich auch online. Ja klar! Aber es ist doch viel schöner, handschriftlich verfasste Rezepte in den Händen zu halten, bei denen der ein oder andere Spritzer Soße euch an gemeinsame Koch-Orgien erinnert.

378. Einen alten Camper ausbauen

… und nie wieder Hotelgebühren zahlen müssen. Zumindest dann nicht, wenn ihr auf vier Rädern unterwegs seid. Beim Ausbau eures Campers könnt ihr eurer Fantasie freien Lauf lassen (Pinterest ist hier eine tolle Inspiration). Ein weiterer Vorteil: Im Vergleich zu einem richtigen Wohnmobil ist der Ausbau sehr viel günstiger und ihr seid in euren Parkmöglichkeiten deutlich weniger eingeschränkt.

379. Mundraub

Nein, ihr müsst hierzu niemandem das Essen aus dem Mund klauen. Der Name ist zugegebenermaßen etwas missverständlich. Hinter dem Begriff verbirgt sich eine App, mit der ihr Obstbäume, Nüsse oder Kräuter zum Pflücken ausfindig machen könnt. Perfekt, um einen Grund zu haben in die Natur zu gehen, nebenbei Geld zu sparen und sich gesund zu ernähren.

380. Einen spontanen Roadtrip starten

Packt Kleidung für zwei Tage ein, steigt ins Auto oder in den nächsten Zug und los geht's! Wohin? Vollkommen egal. Fahrt so lange, bis ihr keine Lust mehr habt oder an einem schönen Fleckchen angekommen seid. Was es hier zu entdecken gibt? Mit Sicherheit eine ganze Menge, was ihr so mit Sicherheit nie entdeckt hättet.

381. Im Bett frühstücken

Beginnt den Morgen auf entspannte Art und Weise mit einem leckeren Frühstück im Bett. Die bequemste Lösung besteht darin, auf Reisen einfach den Room-Service zu nutzen (um nervige Krümel im Bett müsst ihr euch dann auch nicht kümmern). Aber natürlich ist es zu Hause genauso schön. Nachteil: Ihr müsst das warme Bett verlassen, um Frühstück zu machen.

382. Für den anderen einen Lapdance machen

Ein *Schoßtanz* ist ein sehr sinnlicher Tanz, der euer Verführungsobjekt um den Verstand bringen wird. Hierfür sorgen tiefe Einblicke, leichte Berührungen und heiße Blicke. By the way: Ein Lapdance lässt nicht nur Frauenherzen höherschlagen. Entsprechende Kurse gibt es auch für Männer.

383. Einen aktiven Vulkan besteigen

Aktive Vulkane (= der letzte Ausbruch war weniger als 10.000 Jahre her) sind gar nicht so selten. Da wäre der Ätna aus Sizilien, der Stromobili ebenfalls in der Nähe von Sizilien, der Vesuv am Golf von Neapel und der Kīlauea auf der Big Island von Hawaii, um nur einige der bekannteren zu nennen. Insbesondere Letzterer ist ein Vulkan, der aus dem Erdkunde-Lehrbuch entsprungen sein könnte. Dampfwolken und glühende Lavaströme – alles kein Problem!

384. Den Papst sprechen hören 📷

An eine Privataudienz zu kommen wird schwierig sein, sofern keiner von euch ein hochrangiger Politiker, prominenter Mensch oder geistlicher Würdenträger ist. Als *normaler* Gläubiger (oder auch Nicht-Gläubiger) habt ihr die besten Chancen bei den wöchentlich stattfindenden Generalaudienzen auf dem Petersplatz. Jeden Mittwoch empfängt der Papst, sofern er in Rom verweilt, hier ein größeres Publikum.

Ein paar Tipps, was es zu beachten gilt:

- Pilger, die mindestens 150 km zu Fuß zurückgelegt haben sowie frisch verheiratete Paare bekommen besondere Plätze
- Seid früh genug da (Einlasskontrollen) und kleidet euch dem Anlass entsprechend (Schultern bedecken etc.)
- Tickets können online kostenlos beim deutschen Pilgerzentrum reserviert werden
- In den Wintermonaten ist es deutlich leerer als in der touristischen Hauptsaison

385. Einem Kind eine Chance geben

Als Kind in einem Entwicklungsland aufzuwachsen, ist kein einfacher Start ins Leben. Oft fehlt es an den grundlegendsten Dingen wie Nahrung, sauberes Wasser oder einer medizinischen Grundversorgung. Auch der Zugang zu Bildung und somit die Chance auf ein besseres Leben ist den meisten Kindern, die in Armut aufwachsen, verwehrt. Mit einer Patenschaft für ein Kind aus einer wirtschaftlich schwachen Region gebt ihr etwas von eurem Überfluss ab und ermöglicht einem Kind die Chance auf eine bessere Zukunft. Bei dieser sehr persönlichen Art zu helfen, erhaltet ihr regelmäßig Fotos von eurem Patenkind und könnt es sogar besuchen, wenn ihr wollt.

386. An La Tomatina in Spanien teilnehmen 📷😊☀

Mit Essen soll man nicht spielen und schon gar keine Essensschlacht veranstalten. Einmal im Jahr gibt es allerdings eine Ausnahme von dieser Regel. Jedes Jahr am letzten Mittwoch im August verfärben sich die Straßen in der spanischen Kleinstadt Buñol rot. Anlass hierfür ist das Tomatenfest La Tomatina, bei dem sich Menschen mit überreifen Tomaten bewerfen. Eine ganz schöne Sauerei, aber auch ein ganz schöner Spaß. Wenn ihr mitmachen wollt, müsst ihr euch allerdings im Vorfeld Eintrittskarten besorgen, da der Andrang mittlerweile zu groß ist.

387. An einem Flashmob teilnehmen 😊 €

Auch wenn die große Flashmob-Welle der Nullerjahre schon über uns hinweggefegt ist, ist es doch immer noch ein Heidenspaß, Mitmenschen mit einem scheinbar kollektiv sinnfreien Verhalten zu verwirren. Auf flashmob.tv findet ihr geplante Flashmobs oder könnt sogar selber einen ins Leben rufen.

388. Zusammen Dessous shoppen gehen ♥

Der Vorteil: Ihr findet sexy Unterwäsche, die euch beiden gefällt und die auch definitiv passt. By the way: Ansprechende Unterwäsche gibt es nicht nur für das weibliche Geschlecht.

389. Ein großes Familienfest ausrichten 😊

Kaffee und Kuchen sind nicht so euer Fall und Familienfeste im klassischen Sinne demnach immer etwas schwierig? Dann übernehmt doch diesmal einfach selbst die Initiative und richtet ein Familienfest ganz nach euren Vorstellungen aus! Zum Beispiel, indem ihr einen Grillplatz mietet, ein Outdoor-Kino mit Leinwand aufbaut oder einen gemeinsamen Kurztrip plant.

390. Einen Sumo-Kampf sehen 🎭💕

Ihr müsst keine Fans des traditionellen japanischen Ringkampfs sein, um der beeindruckenden Zeremonie einmal im Leben beizuwohnen. Immerhin wurde der Sumo-Kampf ursprünglich als Unterhaltung der Götter entwickelt. Die Regeln sind denkbar einfach: Wer zuerst vom Gegner aus dem Ring gedrängt wird oder den Boden mit einem anderen Körperteil als der Fußsohle berührt, hat verloren. Da Sumo-Ringen hierzulande nicht sonderlich populär ist, empfehle ich euch, das Ganze mit einer Rundreise ins Land der aufgehenden Sonne zu verbinden.

391. Mit einem Metall-Detektor auf Schatzsuche gehen 🌞

Habt ihr als Kinder auch immer Schnitzeljagd gespielt und davon geträumt eines Tages eine richtige Piratenschatzkarte zu finden? Dann passt jetzt auf! Denn hierzulande werden immer noch so einige unentdeckte Goldschätze vermutet. Von den Römern vergrabene Münzen oder in den Wirren des Zweiten Weltkriegs verbuddelte Familienschätze, die nie von ihren Besitzern ausgegraben werden konnten, warten darauf, von euch gefunden zu werden. Was ihr hierfür braucht: einen Metall-Detektor und etwas detektivischen Spürsinn bei der Sichtung alter Karten. Allerdings gilt: Nicht alles, was ihr findet, dürft ihr ohne Weiteres behalten. Die Regelungen für den Denkmalschutz sind je nach Bundesland unterschiedlich. Um auf der sicheren Seite zu sein, solltet ihr euren Fund in jedem Fall melden.

392. Den großen Preis von Monaco live sehen 📷💕

Der große Preis von Monaco ist nicht nur irgendein Autorennen. Das Rennen durch die engen Straßen des Fürstentums gilt in der Welt des Motorsports aufgrund seiner engen Kurven als besondere Herausforderung. Wer hier gewinnt, dem ist Prestige sicher. Nebenbei könnt ihr in Monaco neben PS und schnellen Autos auch einen Blick auf die Welt der Reichen und Berühmten erhaschen.

393. Kricket spielen ♥

Kricket ist *der* Nationalsport in Indien und erfreut sich hierzulande immerhin einer langsam steigenden Beliebtheit. Dennoch sind Cricket-Vereine und dementsprechend Kurse für Anfänger immer noch etwas rar gesät. Wenn ihr einen Sport sucht, den nicht jeder macht, habt ihr definitiv eure Sportart gefunden.

394. Einen DNA-Test machen ☺

Woher wohl die eigenen Ahnen kommen? Bei den meisten von uns hört es bei den Urgroßeltern schon auf. Auf Plattformen wie Myheritage und ancestry könnt ihr in historischen Daten stöbern oder mithilfe von DNA-Tests weit entfernte Verwandte ausfindig machen. Vielleicht entdeckt ihr einen entfernten Verwandten, der euch auf seine Ranch in Südafrika einlädt.

395. Ballon-Tiere machen ☺ ✏

Kennt ihr die Clowns auf Volksfesten, die bunte Ballontiere für Kinder machen? Jetzt seid ihr dran. Mit den bunten Tieren unterhaltet ihr nicht nur die Kinder der Nachbarschaft, sondern seid auch auf der nächsten Erwachsenen-Party der Hit.

396. 24 Stunden schweigen 🕯

Zeit zu beweisen, dass ihr euch auch ohne Worte versteht. (SMS schreiben ist offiziell erlaubt, aber schmälert den Wert der Erfahrung natürlich etwas.)

397. Die Katakomben von Paris besichtigen ✈ 📷

Ein unterirdisches Labyrinth, mitten unter der Stadt der Liebe – klingt verlockend, oder? Allerdings solltet ihr euch warm anziehen. Im wahrsten Sinne des Wortes (auch im Sommer wird es nicht wärmer als 14 Grad), aber auch weil es euch mit Sicherheit eiskalt den Rücken herunterlaufen wird, wenn ihr die Überreste von über eine Million Pariser sehen werdet.

398. Das Schlafzimmer mit Rosenblättern dekorieren♥⏱

Einmal im Leben könnt ihr euch diesen Romantik-Kick geben, oder? In Kombination mit einer gekühlten Flasche Champagner und ein paar Pralinen kann der romantische Abend starten.

399. Ein skurriles Museum besuchen😊 💡

Auch wenn Museen nicht so euer Ding sind. Bei diesen verrückten Sammlungen überlegt ihr es euch sicher noch einmal anders:

- Gießkannenmuseum in Gießen
- Museum für Sepulkralkultur (Begräbsniskulturen) in Kassel
- Vagina-Museum in London oder als Gegenstück das Phallusmuseum in Reykjavik
- Museum of Broken Relationships in Zagreb
- Museum of Failure in Helsingborg (Schweden)
- Museum of Sex in New York oder das Sexmuseum in Amsterdam
- Bananenmuseum in Sieksdorf
- Schnarchmuseum in Langeholzen
- Museum of Bad Art in Somerville
- Sexmaschinenmuseum in Prag

400. Einem lieben Menschen einen Herzenswunsch erfüllen💰

Das Strahlen in den Augen eines Menschen zu sehen, wenn ein Herzenswunsch in Erfüllung geht, ist fast noch schöner als einen eigenen Wunsch erfüllt zu bekommen. Vielleicht redet eure alte Nachbarin davon, dass sie noch einmal das Meer sehen möchte oder die Tochter eurer gemeinsamen Freundin würde so gerne Reitstunden nehmen, was finanziell für ihre Mutter leider nicht machbar ist. Wenn euch aktuell niemand in eurem Bekanntenkreis einfällt, könnt ihr auch wildfremden Menschen einen Wunsch erfüllen und Wunschpate werden.

Hürden überwinden und dranbleiben

„Die Definition von Wahnsinn ist, immer wieder das Gleiche zu tun und andere Ergebnisse zu erwarten."

Dieses sehr weise Zitat von Albert Einstein habt ihr vielleicht sogar schon gehört oder gelesen. Besser kann man es allerdings nicht ausdrücken. Nichts tun, verändert auch nichts. So ist es auch mit eurer Bucket List. Leider gibt es auf dem Weg zu den ersehnten Häkchen so einige Hürden in Form von Ausreden, Sorgen oder Zweifeln, die auch davon abhalten, eure Träume zu verwirklichen. Ich spreche aus Erfahrung.

Auf den nächsten Seiten findet ihr daher Tipps zu den größten Stolpersteinen, die euch auf eurem Weg begegnen können.

Hürde 1: gemeinsame vs. eigene Bucket List

Erinnert ihr euch an den Satz zu Beginn des Buches, dass eine Bucket List so individuell wie der eigene Fingerabdruck ist? Da hilft es auch nicht, wenn ihr euch wie Seelenverwandte fühlt. Es wird immer Ideen und Wünsche geben, mit denen einer von euch nichts anfangen kann. Ihr hattet auch schon vor eurer Beziehung eigene Interessen und Hobbys. Wenn einer von euch leidenschaftlicher Reiter ist, sind folgende Erlebnisse spannend: am Strand reiten, über ein Stoppelfeld reiten, bei der Geburt eines Fohlens dabei sein, Reiturlaub machen oder in den Sonnenuntergang reiten. Für jemanden, der sich so gar nicht für Vierbeiner und im Speziellen für Pferde begeistern kann, klingt das alles wenig erstrebenswert. Oder nehmen wir an, einer von euch möchte unbedingt einen Fallschirmsprung wagen, der andere bekommt aber schon auf dem Ein-Meter-Brett zittrige Knie. No way, dass ihr da einen Kompromiss findet. Aber das müsst ihr auch gar nicht.

Ein Beispiel: Ich interessiere mich für alles Kreative, egal ob stricken, malen oder töpfern. Mein Liebster leider so überhaupt nicht und ich sehe ein, dass es für ihn einer Folter gleichkäme, Makramee zu flechten oder filigranes Porzellan zu bemalen. Genauso wenig möchte ich mir aber einen Boxkampf oder – noch schlimmer – ein MMA-Event live anschauen. Viel zu brutal! Da gibt es auch keinen Kompromiss. Wir hätten beide nichts davon, wenn ich mit geschlossenen Augen dasitze und hoffe, dass diese Hahnenkämpfe schnell vorbei sind. Oder habt ihr Spaß, wenn euer Partner merklich keinen hat?

In solchen Fällen ist es lohnenswerter sich im Freundes- oder Familienkreis Gleichgesinnte zu suchen, die dieselbe Begeisterung aufbringen. Umso schöner ist es auch, wenn ihr euren Partner mit einem Funkeln in den Augen von eurem Besuch in der Hofreitschule erzählen könnt. Schließlich ist es auch immer eine Freude, wenn sich der andere freut. Hinzu kommt, dass es eure Beziehung belebt, wenn ihr euch gegenseitig etwas zu erzählen habt. Ihr macht euch für den jeweils anderen interessant, wenn ihr über Neues und Unbekanntes berichten könnt. Was gibt es attraktiveres als einen Menschen, der sich für eine Sache begeistern kann und der seine Träume verfolgt? Wenn ein Teil von euch ins Ausland möchte (z. B. in Rahmen eines Praktikums, Auslandssemesters oder befristeten Jobs), könnt ihr dies auch als Chance sehen, an der Herausforderung zu wachsen, statt an euren unterschiedlichen Zielen zu zweifeln. Deshalb freut euch über gemeinsame Interessen und Ziele.

Mit Sicherheit gibt es auch wieder Erlebnisse, bei denen ihr einen Schritt auf den anderen zugehen könnt. Wenn zum Beispiel eine Reise nach Finnland vielleicht nicht eure erste Wahl ist, wenn es um die Auswahl des nächsten Sommerreiseziels geht (brr zu kalt), aber der andere für finnische Rockbands und den hohen Norden schwärmt, sieht die Sache vielleicht schon wieder anders aus und die gemeinsame Reise wird, obwohl es nicht euer beider Herzenswunsch war, für beide zu einem tollen Erlebnis. Lehnt also nicht kategorisch aus einem ersten Impuls heraus ab, was euer Partner vorschlägt. Schließlich geht es bei einer Bucket

List auch darum, sich auf neue Dinge einzulassen. Wenn ihr euch, sagen wir, nur einen kleinen Ruck geben müsstet, eine Ballett-Aufführung zu besuchen, dann probiert es aus. Schließlich geht es nicht nur um das Ballett, sondern auch um die neue Erfahrung und das Erlebnis, welches ihr miteinander teilt.

Zusammenfassend möchte ich euch mit auf den Weg geben: Freut euch über eure Überschneidungen und gemeinsamen Aktivitäten, aber macht keine Religion draus. Es ist mehr als unwahrscheinlich, dass alle Punkte auf eurer eigenen Bucket List mit denen eures Partners übereinstimmen.

Hürde 2: zu wenig Geld

Heute eine Safari in Afrika, im nächsten Monat Schnorcheln mit Delfinen und im Sommer die Route 66 entlangfahren – vielleicht etwas für Influencer oder Selfmade-Millionäre, aber wie sollt ihr das als „Normalos" alles finanzieren? Ein Totschlag-Argument, dem man erst einmal nicht viel entgegensetzen kann. Oder doch?

Natürlich kosten einige Dinge viel Geld. Eine Reise nach Australien verschlingt eine vierstellige Summe und ein Candle-Light-Dinner im Riesenrad bekommt ihr auch nicht für umsonst. Aber bedenkt: Ihr habt euch gerade erst dazu entschlossen eine Bucket List zu erstellen. Im besten Fall habt ihr noch einige Jahrzehnte vor euch. Es besteht keine Notwendigkeit, alles in einem Jahr abzuhaken. Lasst euch Zeit und behaltet die teuren Punkte dennoch auf eurer Bucket List, damit ihr sie nicht aus den Augen verliert.

Und in der Zwischenzeit? Wenn ihr die Tipps aus den vorherigen Kapiteln beherzigt habt, besteht eure Bucket List ohnehin aus einem Potpourri an großen und kleinen Bucket List Ideen der unterschiedlichsten Kategorien. Werft noch mal einen Blick auf eure Liste: Viele Bucket List Ideen sind gar nicht so teuer. Einige sogar kostenlos! Insbesondere die sportlichen Ziele sind spannende Herausforderungen, die euch kein Vermögen kosten. Um für einen 10-Kilometer-Lauf zu trainieren, braucht ihr, außer vernünftigen Laufschuhen, nicht viel. Wenn ihr es näher betrachtet, ist es bei vielen Bucket List Items ähnlich. Mein Lieblingsbeispiel: Erdbeeren frisch auf einem Feld zu pflücken kostet euch nur wenige Euros. Die Zutaten für selbst gemachte Marmelade oder einen Erdbeerkuchen ebenfalls. Wenn ihr euch in euer erstes Mikroabenteuer stürzen wollt und eine Übernachtung unter freien Himmel plant, ist es völlig unnötig, erst auf eine Profi-Outdoorausrüstung, auf die Reinhold Messner neidisch werden würde, zu sparen. Fragt zuvor in eurem Bekanntenkreis, ob ihr euch Equipment leihen könnt. Wenn ihr euer Vorhaben im Sommer umsetzt, sind Thermoschlafsäcke und Co. ohnehin obsolet. All diese Erlebnisse sind nicht weniger wert, nur weil sie günstig sind. Der monetäre Wert sagt noch lange nichts über die Intensität der Erfahrung aus. Entscheidend ist vielmehr: Ihr durchbrecht euren Alltag, verlasst eure Komfortzone, probiert neue Dinge aus und erweitert euren Horizont. Hierzu muss man definitiv kein Millionär sein.

Wenn die Abenteuerlust euch gepackt hat und ihr nicht länger warten wollt, könnt ihr natürlich auch versuchen mehr Geld zu verdienen, zu sparen oder euch weitere Einkommensquellen zu erschließen. Erster Ansatzpunkt, um den Zufluss auf euer Konto zu erhöhen, sind eure aktuellen Jobs. Verdient ihr ein angemessenes Gehalt für das, was ihr tagein, tagaus so macht? Wie lange ist eure letzte Gehaltserhöhung her? Habt ihr euch in der Zwischenzeit weitergebildet oder neue Verantwortungsbereiche übernommen? Dann traut euch! Der erste Schritt zur Gehaltsverhandlung kostet Mut, aber genau das trainiert ihr auch mit eurer Bucket List. Vielleicht merkt ihr auch, dass ihr nur aus Bequemlichkeit oder Angst auf eurer jetzigen Position oder sogar im Unternehmen bleibt und euch ein Jobwechsel viel mehr Verdienst und Erfahrungen bringen würde. Eine Bestandsaufnahme lohnt sich auf jeden Fall.

Wenn euch euer Job Spaß macht und das Gehalt stimmt, ist dies natürlich super. Geld allein sollte nie ein Grund sein, einen Job anzunehmen, der euch langweilt, unter- oder überfordert. Stattdessen könnt ihr überlegen, wie ihr (temporär) euer Einkommen erhöhen könnt. Zum Beispiel durch Überstunden oder einem Nebenjob. Allerdings ist dies ein zweischneidiges Schwert. Ihr verdient zwar mehr Geld, aber habt hierdurch auch deutlicher weniger Zeit (wo wir bei Hürde Nr. 3 wären). Ein ziemliches Dilemma. Zumal es Ziel und Zweck eurer Bucket List ist, mehr zu leben und Zeit für eure großen und kleinen Abenteuer zu haben. Auf Dauer ist eine Erhöhung der Arbeitszeit also eine ziemlich schlechte Idee. Was bringt es euch, wenn ihr monatelang eine 60-Stunden-Woche schiebt, euch alle paar Monate einen spektakulären Wunsch erfüllt, aber euch in der Zwischenzeit durch einen stressigen Alltag kämpft und kaum Zeit füreinander habt? Eine Zeitlang gemeinsam Vollgas geben, um endlich die Polarlichter sehen zu können, ist vollkommen in Ordnung. Dies sollte aber kein Dauerzustand werden.

Eine andere Möglichkeit ist es, für eine Weile Vollgas zu geben und euch durch ein passives Einkommen einen dauerhaften Nebenverdienst aufzubauen, der nicht mehr an eure Arbeitsleistung geknüpft ist. Das heißt, ihr verdient euch etwas dazu, auch wenn ihr gerade nicht arbeitet und euch stattdessen die Sonne auf den Bauch scheinen lasst. Beispielsweise durch einen Online-Kurs, den ihr einmal erstellt und auf Plattformen wie Udemy einstellt. Immer wenn jemand euren Kurs kauft, verdient ihr Geld, ohne jedes Mal aufs Neue einen Vortrag halten zu müssen. Andere Optionen sind E-Books, Stockfotos oder Aktiengeschäfte. Die Möglichkeiten sind vielfältig. Macht euch allerdings immer bewusst, dass ihr zunächst Zeit und oft auch Geld investieren müsst, bevor ihr einen Eingang auf eurem Konto seht. Es kann auch sein, dass ihr im Vorfeld viel Zeit aufbringt und hinterher kaum Gewinn erwirtschaftet. Leider sind im Netz auch viele Betrüger unterwegs, die ihr Geld damit verdienen, euch ein innovatives System zum Reichwerden verkaufen zu wollen, in welches ihr Unsummen investiert, aber nie eine Gegenleistung seht.

Ohnehin finde ich es viel einfacher Geld zu sparen, als Wege zu finden, mehr Geld zu verdienen. Wenn ihr bereits dem Minimalismus verfallen seid, und das meine ich nicht negativ, sind die Ansatzpunkte vielleicht etwas mager, in der Regel ist bei den meisten von uns jedoch noch viel Luft nach oben. Wenn ihr es schafft, zusammen 100 € pro Monat einzusparen und zur Seite zu legen, habt ihr nach einem Jahr schon 1.200 € zusammen. Schnappt euch an einem ungemütlichen Tag eure Ordner, macht eine Kanne eures Lieblingstees und setzt euch zusammen. Welche Ausgaben habt ihr? Gibt es Mitgliedschaften, die ihr gar nicht mehr nutzt, Versicherungen oder Verträge, deren Konditionen ungünstig sind oder die ihr sogar doppelt habt? Verträge zu wälzen und zu vergleichen ist in etwa so spannend, wie ein Fachbuch zum Thema Kraftfahrzeugtechnik auf Hebräisch zu lesen, aber hey – ich bin sicher, ihr findet auf diesem Weg Einsparmöglichkeiten, ohne euch im Alltag einschränken zu müssen. Ans Eingemachte geht es, wenn ihr euch anschaut, wofür ihr euer Geld eigentlich so ausgebt. Sei es mithilfe des klassischen Haushaltsbuches oder einer App. Ihr werdet schnell merken: Kleinvieh macht verdammt viel Mist.

Überlegt gemeinsam bei welchen Konsumausgaben ihr für eure Wünsche und Träume bereit seid, euch einzuschränken. Eure Bucket List hilft euch hierbei. Denn hier steht schwarz auf weiß, was ihr euch in eurem Leben wünscht. Es fällt viel leichter zu sparen und sich eine Weile in Verzicht zu üben, wenn ihr ein gemeinsames Ziel habt, auf das ihr hinarbeitet. Haltet euch auch vor Augen: Materielle Dinge verlieren mit der Zeit an Wert, können kaputtgehen oder euch gestohlen werden. Die Erinnerung an den Nervenkitzel, den ihr bei einer Fahrt auf dem Nürburgring erlebt habt, ist hingegen für immer. Ihr verzichtet also nicht (zumal auch nichts dagegen spricht, sich hin und wieder einen Besuch in der Eisdiele oder ein Paar neue Schuhe zu gönnen, obwohl die alten noch nicht auseinanderfallen), sondern setzt Prioritäten.

Der Rotstift lässt sich übrigens auch prima an eurer Bucket List ansetzen. Das soll nicht heißen, dass ihr kostspieligere Ziele einfach streicht oder euch mit einer abgespeckten Alternative zufriedengeben sollt. Im Gegenteil: Groß zu denken ist sogar wünschenswert. Mit ein bisschen Recherche und Um-die-Ecke-Denken, könnt ihr aber insbesondere bei Reisen viel Geld sparen. Vielleicht muss es nicht immer der Touristenhotspot sein, sondern ihr besucht weniger beliebte, günstigere Orte. Wenn ihr nämlich nur nach Santorini wollt, weil ihr die weißen Häuser mit den blauen Dächern so toll findet, dann werdet ihr nach kurzer Recherche auf die Insel Ios stoßen. Dort werdet ihr auf das gleiche unvergessliche Panorama stoßen. Allerdings deutlich günstiger und auch noch deutlich leerer. Wenn Couchsurfing und Co. euer Fall ist, könnt ihr sogar noch mehr sparen. Ebenso gibt es auch in anderen Bereichen fast immer günstigere Alternativen. Statt Spanisch in einer Kleingruppe an einer Sprachschule in Madrid zu lernen, könnt ihr mit einer App starten und einen VHS-Kurs besuchen.

Ihr seht: Auch wenn ihr keinen Goldesel in der Garage stehen habt, stehen euch viele Türen offen. „Kein Geld" ist die denkbar schlechteste Ausrede, kein Leben mit Abenteuer, Neugierde und interessanten Erfahrungen leben zu können. Macht euch bewusst, wo eure Prioritäten liegen und werdet kreativ darin, nach Lösungen zu suchen. Ihr könnt mit dem, was euch jetzt in eurem Leben zur Verfügung steht, ein wunderbares Leben genießen.

Hürde 3: zu wenig Zeit

Heutzutage scheint es zum guten Ton zu gehören, keine Zeit bzw. viel Stress zu haben. Schließlich signalisieren wir unserem Umfeld hiermit: Wir sind fleißig und leisten viel. Eine beliebte Ausrede, die auf viel Verständnis stößt. Schließlich kennt jeder von uns, wie stressig es sein kann Job, Familie, Partnerschaft, Freunde, Hobby und Haushalt unter einen Hut zu bekommen. Doch was steckt wirklich hinter der Aussage „Ich habe keine Zeit"?

Im Gegensatz zu Geld steht jedem von uns genau gleich viel Zeit zur Verfügung. Für jeden der rund acht Milliarden Menschen hat ein Tag 24 Stunden – egal ob Donald Trump oder Lieschen Müller. Zeit kann man auch nicht besitzen. Sie ist da, ob man will oder nicht. Man kann sie nicht abgeben, um zum nächsten Geburtstag oder Weihnachten vorzuspulen, oder in einem schönen Moment einfach anhalten. Immer wenn ihr keine Zeit für etwas habt, habt ihr euch entschieden, stattdessen etwas anderes zu machen. Muss es dann nicht eher heißen „Ich nehme mir keine Zeit, weil etwas anderes mir wichtiger ist"? Ihr trefft bewusst die Entscheidung, dass Überstunden, die Netflix-Serie oder das Familienessen euch wichtiger sind als euer Lauftraining oder der Norwegisch-Kurs. Ihr werdet vermutlich zustimmen, dass Netflix sich sicherlich reduzieren lässt. Schließlich sind Netflix und Social Media die größten Zeitfresser überhaupt. Aber wie sieht es mit dem Familienessen oder den Überstunden aus? Zum Chef oder zur Schwiegermutter kann man schlecht Nein sagen, oder?

Auch hier habt ihr aber, auch wenn ein Nein unangenehm auszusprechen ist, eine Wahl. Distanziert euch von dem Gedanken, dass euer Gegenüber sich wegen eines Neins von euch abwendet. Gegen vereinzelte Überstunden spricht auch nichts; ebenso wenig dagegen, temporär der Arbeit den Vorrang zu geben. Aber so erfüllend Arbeit auch sein mag, eine erfüllende Zeit zu zweit kann sie nicht ersetzten und wir erinnern uns an den Anfang des Buches: Am Ende seines Lebens sagt fast niemand: „Ach, hätte ich doch mehr gearbeitet!" Im Gegenteil. Ihr müsst auch nicht alle Bekanntschaften und Freundschaften aufrechterhalten, wenn sie eher Pflicht als Bereicherung für euch sind. In Zeiten von Social Media wird leider viel zu oft suggeriert, dass mehr immer besser ist. Wenn ihr nicht aufpasst, gibt es immer etwas, das gerade wichtiger ist. So kann es schnell zur Gewohnheit werden, eure Wünsche immer wieder aufzuschieben. Bis ihr sie irgendwann vergesst oder noch schlimmer: Bis es irgendwann zu spät ist. Was könnt ihr also tun, um mehr Zeit für Lebensfreude, Abenteuer und neue Erfahrungen zu haben?

Bücher zu den Themen Achtsamkeit und Zeitmanagement gibt es wie Sand am Meer. Hier findet ihr auch eine Menge guter Tipps, um Zeitfresser zu eliminieren. Begeht nur bitte nicht den Fehler Zeitmanagement so zu verstehen, noch mehr Dinge in immer kürzerer Zeit erledigen zu wollen. Soll heißen: Wenn ihr bereits ein hohes Pensum zu bewältigen habt, versucht nicht, alle Termine noch mehr zu straffen und effizienter zu planen, damit Zeit für die Segelstunden bleibt. Da ist (noch mehr) Stress vorprogrammiert. Zeit für Müßiggang und Nichtstun geht so völlig verloren. Eure Bucket List soll euch schließlich bereichern und nicht noch mehr stressen.

Mein Tipp: Räumt eurer Bucket List und somit euren Träumen eine höhere Priorität ein. Am besten mit einem festen Eintrag im Kalender. Zum Beispiel: Sonntag um 10 Uhr gemeinsam Kosten, Route und Sehenswürdigkeiten für einen Roadtrip durch die USA recherchieren. An dem Tag könnt ihr dann weder zum Brunchen noch spontan bei einem Umzug helfen. Der Termin steht. Genauso bucht ihr den Termin fürs Dark Dinner oder euer Wellness-Wochenende einfach schon ein paar Wochen oder Monate im Voraus, statt zu warten, dass irgendwann mehr Zeit ist. Alle Termine, die danach an euch herangetragen werden, haben das Nachsehen (natürlich gibt es Ausnahmen). Wir sind zumindest ziemlich gut mit dieser Strategie gefahren, als wir die Trainingswanderungen für den Mammutmarsch als feste Termine in den Kalender eingetragen haben. Jede zweite Woche war der Samstag für eine ganztägige Wanderung geblockt. Ich bin mir sicher, hätten wir immer spontan geschaut, wann wir Zeit haben oder den Samstag nur „grob festgehalten", wären wir gar nicht zu unseren Wanderungen gekommen.

Hürde 4: zu viel Angst

Um Angst zu besiegen, ist wichtig zu verstehen, was Angst überhaupt ist. Angst ist nämlich eine sehr sinnvolle Erfindung der Natur. Als emotionale Reaktion auf potenzielle Gefahren schützt sie uns vor lebensbedrohlichen Situationen. Hättet ihr keine Angst, von einer Klippe oder aus einem Flugzeug zu springen oder über heiße Kohle zu laufen, wäre die Menschheit vermutlich schon ausgestorben. Die genannten Beispiele sind extrem. Neben der Angst zu sterben, fürchten sich Menschen auch vor Veränderungen, Ablehnung oder davor, mit einem Vorhaben zu scheitern. Völlig verständlich. Wer möchte schon sein ganzes Geld mit einer gescheiterten Selbstständigkeit verlieren oder von seiner Traumfrau den Korb des Jahrhunderts bekommen.

Das Problem ist nur: Viele Ängste gehen zu weit und sind dadurch ein großes Hindernis bei der Verwirklichung eurer Träume. Nehmen wir zum Beispiel die weitverbreitete Flugangst. Die Wahrscheinlichkeit, bei einem Flugzeugabsturz zu sterben, liegt bei 0,00001 Prozent. Eine Zahl mit ganz schön vielen Nullen. Dennoch fürchten sich viele Menschen genau davor und verpassen dadurch die Chance, ferne Orte zu entdecken und unglaublich tolle Erfahrungen zu machen. Überlegt einmal, was ihr gemeinsam bzw. jeder von euch machen würde, wenn Angst keine Rolle spielen würde? Den verhassten Job kündigen und den Schritt in die Selbstständigkeit wagen, einen YouTube-Channel starten, sich einer Theatergruppe anschließen, bei einem Casting mitmachen oder im Wohnmobil durch Europa touren? Bestimmt fallen euch auch ein paar Punkte ein oder ihr habt sie sogar auf eurer Bucket List stehen. Möchtet ihr all diese Dinge wegen der bescheuerten Angst verpassen? Vermutlich nicht.

Wie schafft ihr es aber, eure Ängste zu überwinden? Die schlechte Nachricht vorab: Die Angst vor neuen, unbekannten und Furcht einflößenden Situationen werdet ihr vermutlich nie komplett ablegen können. Sehr wohl könnt ihr aber Mittel und Wege finden, mit eurer Angst umzugehen, sie anzunehmen und den Mut aufzubringen, es dennoch zu wagen. Ihr beide habt nämlich einen ganz großen Vorteil: Ihr seid zu zweit und habt eure größte emotionale Stütze immer an eurer Seite. Gemeinsam wuppt ihr das! Seid dabei absolut ehrlich zueinander. Bucht ihr die Whale-Watching-Tour nur deshalb nicht, weil euch bei dem Gedanken an das kleine Boot auf dem offenen Ozean nicht ganz wohl ist? Dann teilt dies dem anderen mit und reagiert bei derlei Geständnissen eures Partners verständnisvoll. Es ist doch ein toller Vertrauensbeweis, wenn euer Liebster oder eure Liebste sich in eurer Gegenwart einer Angst stellt und ihr die Freude darüber miteinander teilen könnt.

Sich trauen ist übrigens auch der einfachste Weg, seine Angst zu besiegen. Mark Twain sagte einmal: „Tu das, was du am meisten fürchtest, und der Tod der Angst ist sicher." So beängstigend es auch ist: Um die Angst zu besiegen, müsst ihr das, wovor ihr euch fürchtet, manchmal einfach tun – wahrscheinlich sogar mehr als einmal. Der erste Flug ist vielleicht noch ein Horrortrip, der zweite Flug ganz sicher auch noch, aber mit Sicherheit schon ein kleinerer. Ich selber habe die Situation mit meinem Mann schon oft genug erlebt. In der Regel hatten wir sogar beide Angst, der eine etwas mehr, der andere weniger. Als wir zum Beispiel beim Houserunning oben auf Hochhausdach standen, hatten wir wahnsinnige Angst davor, den entscheidenden Schritt Richtung Abgrund zu wagen. Aber wir haben es geschafft. Beide! Zum einen, weil wir zusammen oben auf dem Dach standen, und zum anderen, weil wir wussten, welch tolles Gefühl es sein wird, wenn wir unten wieder Boden unter den Füßen spüren würden. Danach wären wir am liebsten ein zweites Mal aufs Dach gestiegen. Genauso war es beim Ziplining, als es auf einmal hieß: Entweder ihr springt jetzt sieben Meter in die Tiefe oder ihr klettert die Leiter runter und wartet unten. Wir sind beide gesprungen. Beim Mammutmarsch, unserer 55-Kilometer-Extremwanderung, war es die Angst vor dem Scheitern, die zumindest bei mir ein flaues Gefühl im Magen verursacht hat. Vielleicht hätte ich mich allein sogar wieder ab- oder gar nicht erst angemeldet. Auch hier haben wir uns der Herausforderung gestellt und sind zusammen mit schmerzenden Knien und wunden Füßen ins Ziel gelaufen. Ein wahnsinnig tolles Gefühl, an das wir uns immer wieder gerne zurückerinnern. Auch wenn wir gescheitert wären und die Wanderung wie so viele andere Teilnehmer abgebrochen hätten, wären wir viel weiter gekommen als all diejenigen, die sich aus einer Angst heraus gar nicht erst angemeldet haben. Dann hätten wir es eben im nächsten Jahr um einige Erfahrungen reicher noch mal probiert.

Im Übrigen ist Scheitern auch gar nicht so schlimm, wie es in unserer Gesellschaft immer propagiert wird, und gehört einfach zum Leben dazu. Wenn ihr euch die Biografien erfolgreicher und inspirierender Menschen anseht, werdet ihr merken, dass alle Risiken eingegangen, obwohl sie Angst hatten und dabei auch Rückschläge erlebt haben. Besucht doch mal eine Fuckup Night (Achtung Bucket List Idee!). Hier berichten erfolgreiche Unternehmer über ihre größten Misserfolge und was sie aus ihrem Scheitern gelernt haben. Und ganz ehrlich: Hättet ihr lieber ein „ups" oder ein quälendes „Was wäre, wenn …"?

Ein weiterer Tipp: Ihr könnt euch auch überlegen, ob es nicht eine Light-Version eures Vorhabens gibt, mit der ihr euch ganz langsam an euer persönliches Grauen herantasten könnt. Wenn ihr einen Heidenrespekt davor habt, zu einem Backpacking-Trip durch Südostasien aufzubrechen, überlegt, wie ihr euch langsam herantasten könnt. Eine Möglichkeit ist es zum Beispiel, mit euren Rucksäcken erst mal durch Europa oder sogar Deutschland zu reisen.

Bei all den Strategien zum Besiegen von Ängsten (wovon es in entsprechenden Büchern, Coachings etc. noch viel mehr gibt): Seid behutsam mit den Ängsten des Partners. Ein jeder hat seine individuellen Grenzen. Einen Menschen mit ausgeprägter Spinnenphobie dazu zu treiben, sich eine Vogelspinne auf die Hand zu setzen, obwohl er oder sie gar nicht den Wunsch verspürt, diese Angst zu überwinden, wäre nicht fair. Es ist auch völlig legitim, wenn einer von euch seine Grenze bei einem Fallschirmsprung schon deutlich überschritten sieht und dies auch niemals tun möchte. Ihr teilt trotzdem ein gemeinsames Erlebnis, wenn euer Partner euch vor dem Sprung mental zur Seite steht, sicher am Boden wieder empfängt und sich mit euch freut, dass ihr es gewagt habt.

Hürde 5: keine Motivation

Jetzt habt ihr voller Elan eure gemeinsame oder vielleicht auch eine eigene Bucket List erstellt und wie sieht es nach ein paar Wochen aus? Die Bucket List liegt immer noch da. Mittlerweile vielleicht sogar unter einem großen Stapel Zeitschriften vergraben. Dabei hat es doch so gut angefangen. Und jetzt ist schon wieder der halbe Tag rum und alles spricht wieder für einen gemütlichen Netflix-Nachmittag.

Dies meine ich gar nicht so negativ. Immerhin ist mir diese Situation bestens vertraut. Der Mensch gehört ganz klar zur Gattung Gewohnheitstier. Ein Schiff, das mit voller Kraft in eine Richtung steuert, kann man schließlich auch nicht von einem auf den anderen Moment die Route ändern lassen. Von daher habt kein schlechtes Gewissen, wenn ihr wieder in eure alten Gewohnheiten verfallt. An einem gemütlichen Serienabend ist auch nichts Verkehrtes. Problematisch wird es nur, wenn eure Bucket List zusammen mit den Zeitschriften im Müll landet oder ihr eure digitale Bucket List frustriert nach einigen Monaten wieder löscht und dieses Bucket-List-Gedöns als Schnapsidee wieder abhakt.

Daher rate ich allen Bucket-List-Anfängern: Fangt klein an! Wenn ihr als ersten Punkt direkt mit einem Triathlon durchstarten wollt, ist ein Motivationstief so tief wie der Marianengraben vorprogrammiert. So von null auf hundert, vom Couch-Potatoe zum Spitzensportler, ist ein sehr unrealistisches Vorhaben, auch wenn ich euch nicht absprechen möchte, dass ihr das durchziehen könnt. Steckt doch erst den kleinen Zeh ins Wasser, bevor ihr euch in die kalten Fluten werft (und z. B. zum Eisbaden geht). Tipp 2: Fangt nicht nur klein an, sondern sucht euch eure Lieblingspunkte heraus. Etwas, worauf ihr total Lust habt und bei dem ihr euch fragt, warum um alles in der Welt ihr das bislang noch nie gemacht habt. Gut geeignet wären zum Beispiel ein Tag in einer Therme, ein Besuch im Planetarium, ein Paar-Fotoshooting oder ein Essen im afrikanischen Restaurant. All diese Punkte erfordern keine tagelange Planung, geben euch aber einen Eindruck davon, wie toll es ist, neue Erfahrungen zu sammeln. Der erste Schritt ist entscheidend. Etwas, was nur minimal von eurer Routine abweicht, aber euch schon ein Stück aus eurer Komfortzone lockt, ist der perfekte Start für eure Bucket List. Sobald ihr einmal die Tür verlasst, liegt der schwerste Teil hinter euch. Nämlich der, überhaupt anzufangen. Denn schon kleine Schritte können nach einiger Zeit zu einer deutlichen Veränderung führen.

Wie ist es aber, wenn nicht das Anfangen euer Problem ist, sondern wenn ihr einen der Punkte auf eurer Bucket List seit Wochen oder Monaten unmotiviert vor euch herschiebt? Prädestiniert hierfür sind langfristige Vorhaben wie das Erlernen einer Fremdsprache oder sportliche Ziele. Auch hier gilt: Der erste Schritt ist entscheidend. Egal wie lächerlich er euch erscheinen mag. Wenn ihr vorhabt, an einem 5-Kilometer-Lauf teilzunehmen, zieht eure Laufschuhe an und spaziert eine Runde um den Block. Ist Spanisch lernen euer Ziel, ladet euch eine dementsprechende App herunter und nehmt euch für den Anfang vor, drei neue Wörter pro Tag zu lernen. Diese Babyschritte sind weniger Furcht einflößend und demotivierend als das Große und Ganze. Liegt euer Fokus auf dem Big Picture ist Prokrastination vorprogrammiert. Jeder Meilenstein, so klein er auch ist, bringt euch näher ans Ziel.

Wenn es euer Ziel ist, die Polarlichter zu bestaunen, könnten eure Babyschritte wie folgt aussehen:

- Recherchieren, an welchen Orten man Polarlichter sehen kann
- Herausfinden, zu welcher Zeit man dort am wahrscheinlichsten Polarlichter zu sehen bekommt
- Die voraussichtlichen Kosten checken
- Urlaub beantragen
- Unterkünfte, Touren und Flüge recherchieren und buchen
- Geeignete Winterkleidung kaufen

Ein anderes Beispiel: Ihr möchtet euer Wissen zum Thema Zimmerpflanzen mit der Welt teilen und hierzu einen Blog starten. Mögliche Babyschritte sind:

- Blogs zu ähnlichen Themen recherchieren
- Euch über euren Themenschwerpunkt und euer Alleinstellungsmerkmal klar werden

- Einen Blognamen und eine Domain finden
- Ein Logo entwerfen (lassen)
- Eine Blog-Plattform (Content-Management-System) aussuchen
- (Mein Tipp: Lasst die Finger von Blogspot, Wix, Jimdo und Co. und wählt WordPress)
- Hosting-Anbieter vergleichen und für einen entscheiden
- WordPress installieren
- In WordPress einarbeiten (z. B. VHS-Kurs, Online-Kurs)
- WordPress konfigurieren
- Webseitenstruktur überlegen
- Ein WordPress-Theme finden
- Wichtige Seiten anlegen (Impressum, Datenschutzerklärung, Über Uns)
- Den ersten Beitrag schreiben
- Social-Media-Kanäle anlegen
- Usw.

Wenn ihr eure Babyschritte aufgelistet habt, erstellt noch eine zweite Spalte. Hier tragt ihr für jeden Zwischenschritt ein Datum ein. Mit dem ersten Schritt fangt ihr noch heute an! Zu groß ist sonst die Gefahr, dass ihr nur eine weitere Liste produziert, die dann in der Versenkung verschwindet. Hierfür ist wichtig, dass der erste Schritt auch wirklich in Babyschuhen steckt und sich innerhalb von 24 Stunden realisieren lässt.

An dieser Stelle kann es auch helfen, euer Vorhaben nicht für euch zu behalten. Vielleicht habt ihr im Bekanntenkreis einen Blogger oder eine Freundin, die letzten Winter in Norwegen die Polarlichter bestaunt hat. Und schon habt ihr jemanden gefunden, der euch eine kleine Einführung ins Bloggen gibt, und ihr seid eurem Ziel ein großes Stück weiter. Vielen (mir nicht unbedingt) hilft es auch, durch das Umfeld immer wieder einen freundlichen Reminder in Form von Nachfragen zu bekommen.

Als Power-Paar habt ihr auch noch einen mächtigen Vorteil auf eurer Seite: Ihr könnt euch gegenseitig motivieren. Wenn der eine drauf und dran ist, den Tanzkurs zu schwänzen oder die Planung eurer Fahrrad-Rundreise immer wieder zu verschieben, ist immer jemand da, um ihn ordentlich in den Allerwertesten zu treten. Was ein Riesenvorteil ist, kann allerdings schnell auch ins Gegenteil umschlagen. Nämlich wenn ihr euch gegenseitig darin bestärkt, Ausreden zu finden. Eine wesentlich bessere Idee besteht darin, gemeinsam zu träumen. Stellt euch vor, wie es sein wird, wenn ihr euer Ziel erreicht habt. Zum Beispiel, wenn ihr beim nächsten Urlaub auf Kreta endlich mehr als nur ein *kalimera* über die Lippen bringt. Wie wird wohl das verdutzte Gesicht des Kellners aussehen, wenn ihr die englische Karte zur Seite legt und in seiner Muttersprache bestellt? Probiert es aus. Vielleicht hilft es auch, euch einen motivierenden Spruch an den Kühlschrank zu heften, der euch immer wieder auf eure Ziele und Vorhaben besinnt (Ideen hierzu findet ihr am Ende des Buches).

Wenn euch alle Tipps nicht helfen, macht einen Schwenk zurück zum Anfang. Warum habt ihr diesen Punkt auf eure Bucket List geschrieben? Was ist euer Ziel dahinter? Wollt ihr wirklich Zeichensprache lernen oder habt ihr den Punkt nur auf eure Liste geschrieben, weil euch noch ein Punkt aus dem Bereich Bildung gefehlt hat? Vielleicht stellt ihr auch fest, dass nur einer von euch hinter einem Ziel steht. Aus Erfahrung kann ich sagen: Es ist anstrengend, sich selber zu motivieren. Einen anderen, der keine wirkliche Lust hat, mitzuziehen und gegen Ausreden anzukämpfen, kann selbst der stärksten Motivation alle Energie rauben. Ihr müsst nicht alles zusammen machen. Ihr werdet beide profitieren, wenn ihr dem anderen gestattet, nicht mehr frühmorgens Jogginrunden im Park drehen zu müssen. Der zu Hause gebliebene Partner versucht den anderen nicht mehr im warmen Bett zu halten, sondern wünscht viel Spaß und bereitet vielleicht sogar schon das Frühstück vor. Eine Win-win-Situation für euch beide. Mit der Zeit werdet ihr immer mehr herausfinden, was euch motiviert und wie ihr euch gegenseitig motivieren könnt. Vielleicht habt ihr eure ganz eigene Methode.

Hürde 6: einseitiges Bestreben, eine Bucket List zu erstellen

Was tun, wenn es so richtig unter den Nägeln brennt, die Ideen nur so sprudeln, aber der Partner auf den Vorschlag, eine Bucket List zu erstellen, mit Desinteresse, Genervtheit oder sogar Ablehnung reagiert? Eine blöde Situation.

Fragt euch im ersten Schritt, wie ihr das Thema Bucket List bei eurem Partner angesprochen habt. Eine Bucket List bedeutet Veränderung. Ihr werdet Dinge tun, die ihr in den Monaten und Jahren zuvor noch nicht gemacht habt. Euer Partner hat vielleicht (noch) nicht dasselbe Bedürfnis wie ihr, neue Dinge zu entdecken und gemeinsam mehr zu erleben. Bislang war für ihn oder sie vielleicht alles in bester Ordnung und dann kommt ihr und stellt mit einer Bucket List alles Bisherige infrage. Dies kann je nach Situation – und wie ihr das Thema ansprecht – sehr verletzend wirken und ziemlich überfordern. „Bin ich langweilig? Was stimmt auf einmal nicht mehr? Bin ich nicht mehr gut genug?", sind nur einige der Gedanken, die einem da durch den Kopf schwirren können. Möglicherweise ist euer Gegenüber auch leicht überfordert. Schließlich ist klar, ihr habt euch schon Gedanken gemacht und seid voll im Thema. Wenn ein Partner plötzlich losrennt, während man selbst im wahrsten Sinne des Wortes noch auf dem Sofa sitzt, entsteht schnell das Gefühl, nicht auf Augenhöhe zu sein und hinterherzuhecheln. Daher mein Tipp: Überlegt euch im Vorhinein, wie ihr euren Partner ins Boot holen wollt. Macht eurem Lieblingsmenschen klar, dass ihr nicht die Beziehung als solche infrage stellt. Im Gegenteil: Ihr möchtet Zeit mit ihm oder ihr verbringen und gemeinsame, schöne Erinnerungen teilen. Statt euer bisheriges Leben grundlegend über den Haufen zu werfen und zu verändern, möchtet ihr es ergänzen.

Wo ihr gerade dabei seid, euch in den anderen hineinzuversetzen: Habt Verständnis, wenn der andere gerade im neuen Job gefordert ist, Stress mit der besten Freundin hat oder sich Sorgen um die immer vergesslicher werdende Mutter macht. Gesteht dem anderen zu, momentan nicht auf demselben Energielevel wie ihr zu sein. Gemach, gemach! In so einer Situation direkt von Arktis-Expedition,

Tauchen mit Haien oder einem Bad im Kältetank zu sprechen, wenn euer bislang größtes Abenteuer eine Banana-Boot-Fahrt im Griechenland-Urlaub war, kann nur schiefgehen bzw. noch mehr Stress hervorrufen. Wenn es euch trotzdem wie Chili unter den Nägeln brennt, fangt klein an. Geht gemeinsam statt zum Stamm-Italiener in das neue kolumbianische Restaurant, schaut euch einen Film im winzigen Kino um die Ecke anstatt im Filmpalast an oder gönnt euch Entspannung bei einer Hot-Stone-Massage. Denkt dran: Ruhige Momente zum Auftanken und Reflektieren der Erlebnisse sind genauso wichtig wie ab und an ein ordentlicher Adrenalinschub. Gönnt euch auch mal einen Tag, an dem ihr die Wohnung nicht verlasst, euch Essen liefern lasst, Tüten von Chips verdrückt und Serien nicht in Folgen, sondern Staffeln schaut.

Wenn eure bessere Hälfte vielleicht zu den Menschen gehört, denen eine Bucket List zu viel Druck macht (siehe Hürde 8) oder die das Konzept total blödsinnig finden, gebt dem Kind einen anderen Namen. Gegebenenfalls erstellt ihr einfach eine *Inspirationsliste, Lebensliste, Ideenliste oder Traumliste*, auf die ihr immer draufblicken könnt, wenn es euch nach Abenteuern dürstet oder ihr schlicht und einfach Langeweile habt. Oder ihr startet im Kleinen und erstellt gemeinsam eine Bucket List mit Ideen für den nächsten Sommer.

Letztendlich möchte ich euch aber auch ans Herz legen, Eigenverantwortung für eure Lebensträume und Herzenswünsche zu übernehmen. Wenn euch etwas glücklich macht und der Tatendrang euch so richtig im Bauch kribbelt, dann macht euer Glück nicht von einer anderen Person abhängig! Fokussiert euch auf eure eigene Bucket List. Probiert euch durch das Programmheft der örtlichen VHS, begleitet die Oma ins Theater oder lasst euch von ihr Stricken beibringen. Gar nicht mal so selten ist Lebensfreude nämlich ansteckend. Die Energie, die ihr ausstrahlt, wenn ihr von euren Unternehmungen wiederkommt und mit einem Funkeln in den Augen davon erzählt, kann mitreißen. Vielleicht wird euer Partner ganz von selbst neugierig, beim nächsten Mal mitzuziehen.

Hürde 7: Was denken und sagen die anderen?

Ihr seid bereits Ende 20 und denkt noch lange nicht ans Kinderkriegen? Oder ihr habt bereits Kinder und statt an die heimische Nordsee schleppt ihr Klein-Hannah mit nach Australien? Ihr seid Rentner und verprasst das Erbe eure Kinder und geht auf Weltreise? Tssss! Wie könnt ihr nur so egoistisch sein? Schämt euch! Das gehört sich so nicht.

Im Ernst: Gerade von der Familie werdet ihr mit Lebensentwürfen konfrontiert. Aber auch Freunde und Bekannte können spitze Bemerkungen machen, ungefragte Ratschläge geben oder Erwartungen an euch herantragen. Aber selbst wenn sich alle vorbildlich zurückhalten, sind es oftmals wir selbst, die sich darüber den Kopf zerbrechen, wie andere von uns denken könnten, wenn wir nicht den konventionellen Weg gehen. Wenn wir anders sind und uns verändern.

Wenn euch Gedanken wie diese in eurem Kopf herumschwirren oder ihr euch fragt, ob ihr so egoistisch sein könnt, nehmt euch bitte folgende Gedanken zu Herzen:

Hinterfragt, wer euch gut gemeinte Ratschläge gibt

Wer sind eigentlich die Menschen, die euch ungefragt Ratschläge geben und deren Meinung euch so wichtig ist? Wenn Tante Käthe euch ins Gewissen redet, dass so eine Übernachtung im Wald total gefährlich ist und sicher auch verboten oder euer guter Bekannter Theo sich über euch lustig macht, weil ihr verschwitzt eure Runde im Park dreht, um beim nächsten Volkslauf mitzumachen, dann seid so gut zu euch selbst und hinterfragt nicht euer Vorhaben, sondern diejenige Person, die versucht es euch madig zu machen. Warum reagiert diese Person so? Kann man nicht einfach leben und leben lassen? Ihr tut niemanden was.

Ganz so einfach ist es für viele leider nicht. Ihr habt euch verändert und macht Dinge, die ihr vorher nicht getan habt. Zum Beispiel gibt es da dieses eine Paar mit dem ihr immer Filmabende gemacht habt oder ins Kino gegangen seid. Auf einmal habt ihr weniger Zeit für Filmabende, macht spannende Ausflüge, besucht einen Salsa-Kurs oder habt euch gemeinsam im Fitnessstudio angemeldet. Hinter dem Lustigmachen über euer Arsch-Gewackel und eure mageren Resultate im Gym, könnte (nicht muss) viel mehr stecken. Euch so aktiv und voller Tatendrang zu sehen, erinnert manche an ihre eigene Situation. Ihr habt richtig gehört, ein gewisser Neid könnte also eine Rolle spielen. Und Neid ist doch immer noch die schönste Art der Bewunderung.

Hinzu kommt: Nicht jeder Mensch möchte in seiner Persönlichkeit wachsen. Viele fühlen sich dort, wo sie jetzt sind, am wohlsten. Die eigene Komfortzone bietet schließlich Sicherheit und Vertrautheit. Und ganz ehrlich: Wollt ihr euch die Meinung von Menschen zu Herzen nehmen, die in ihren Routinen ersticken und nie einen Schritt in unbekannte Gewässer wagen? Vielleicht werdet ihr den ein oder anderen Bekannten oder sogar Freund verlieren, was kein schönes Gefühl ist. Aber ich bin sicher, dass auf eurem Weg auch wieder neue, inspirierende Menschen in euer Leben treten werden. Denkt immer daran: Was andere über euch denken, ist allein deren Problem, nicht eures!

Man kann es nicht jedem recht machen

Es jedem recht zu machen, ist einfach nicht möglich. Wie soll das auch gehen, wenn die Meinungen zu so elementaren Dingen wie Familienplanung, Nachhaltigkeit oder Religion so weit auseinandergehen wie die Schere zwischen Arm und Reich. Also versucht es gar nicht erst. Ihr werdet wie Don Quichotte einen ausweglosen Kampf gegen die Windmühlen führen, der euch Energie raubt, aber nie zu eurem Ziel, es allen recht zu machen, führen wird.

Welche Auswirkungen hätten falsche Rücksichtnahmen?

Ganz wichtig: Lasst euch von anderen nicht eure Fröhlichkeit und eure Lebensfreude nehmen! Bleibt nicht in einem Zustand, der nur irgendwie so okay ist, weil andere euch dort sehen. Wenn ihr danach geht, was sich gehört, macht ihr vor allem eins: Verzichten. Ihr verzichtet auf neue Erfahrungen, Abenteuer, Zweisamkeit, eure Wünsche und Ziele und vor allem darauf, ein Leben gelebt zu haben, das genau euch entsprochen hätte. Wenn ihr euch vor Augen führt, worauf ihr aufgrund falscher Rücksichtnahmen oder Gedanken, was andere über euch denken könnten, alles verzichten werdet, seht ihr vielleicht etwas klarer. Wollt ihr wirklich anderen so viel Macht über euch geben? Denkt immer daran: Die meisten Sterbenden bereuen nicht, ihr Leben gelebt zu haben, sondern das von jemand anderem.

Seid stolz auf euch

Festgefahrene Routinen und langjährige Denkmuster nicht nur zu hinterfragen, sondern auch zu ändern, erfordert viel Mut. Es ist beängstigend, die eigene Komfortzone zu verlassen und sich auf Unbekanntes einzulassen. Ihr habt diesen Mut. Daher könnt ihr verdammt stolz auf euch sein! Das sollen euch eure Kritiker erst einmal nachmachen. Lasst euch versichern: Mit der Zeit wächst das Vertrauen in euch selbst. Ihr werdet immer sicherer, dass der Weg, den ihr beschreitet, der richtige ist. Da prallen abfällige Bemerkungen irgendwann wie von selbst von euch ab.

Hürde 8: zu viel Druck

Ein Leben ohne Wenn und Aber, voller Lebensfreude, Neugierde und Entdeckergeist führen – ein Wunsch den vermutlich genauso viele Menschen verspüren, wie der nach ein paar Kilo weniger. So ist kaum verwunderlich, dass es zu den Themen Gewichtsreduktion und Persönlichkeitsentwicklung gleichermaßen Bücher wie Sand am Meer gibt. Die einen schwören auf Low Carb, die anderen auf Paleo oder Schlank im Schlank. Verschiedene Wege führen zum Ziel. Was dem einen hilft, ist für den anderen einfach nichts. Was ich mit diesem Ausflug in die Welt der Diäten sagen will: Verschiedene Wege können zu einem glücklichen und ausgefüllten Leben führen. Eine Bucket List kann Teil eures Weges werden oder ihr findet einen Weg, der mehr zu euch passt.

Für mich allerdings ist meine Bucket List so wichtig wie meine Schilddrüsentabletten. Wenn ich mein L-Thyroxin nicht nehme, werde ich müde und träge. Ohne meine Bucket List wäre ich weiter in einem Zustand, der einfach nur okay wäre. Nichts Besonderes, aber auch nicht schlecht. Seit ich meine Bucket List habe, erlebe ich die tollsten Sachen. Vor drei Jahren hätte ich mir im Traum nicht vorstellen können, was ich seitdem alles erlebt habe. Das ist mein Empfinden. Die Kommentare auf meinem Blog und Mails von Lesern zeigen mir aber, dass es nicht allen so geht. Ein häufiger Einwand meiner Leser ist: „Eine Bucket List würde mir zu viel Druck erzeugen". Als ich das erste Mal einen solchen Kommentar gelesen habe, war ich überrascht. So hatte ich das noch nie gesehen.

Für mich liegt der Hauptnutzen einer Bucket List darin, meine eigenen Wünsche und Ziele zu verschriftlichen, um sie nicht zu vergessen und für mich eine höhere Verbindlichkeit zu erzeugen. Häufige Einwände an dieser Stelle sind: Was ist, wenn ich nicht alle Punkte auf meiner Bucket List umsetzen kann? Habe ich dann weniger gelebt?

Nein, natürlich nicht! Ich für meinen Teil bin mir sogar zu 100 % sicher, nicht alle Punkte auf meiner Bucket List abhaken zu können, geschweige denn, dass wir unsere gemeinsame Bucket List je komplett abhaken werden. Immerhin kommen ständig neue Ideen hinzu und die Listen werden eher länger als kürzer. Manche Punkte bekommen auch die Rote Karte und werden gestrichen. Einfach, weil ich/wir uns verändert haben. Aber das ist auch nicht schlimm. Der Erfolg einer Bucket List oder gar einer Beziehung oder eines Leben, lässt sich nicht daran festmachen, wie viel Prozent eurer Bucket List ihr umgesetzt habt. Am Ende zählt nicht die Anzahl der Häkchen. Eine Bucket List ist allenfalls ein freundlicher Reminder, kein Muss! Diese Herangehensweise empfehle ich euch auch. Es geht einzig und allein darum, das Leben auszukosten und am Ende eures Lebens sagen zu können, dass ihr ein verdammt geiles Leben hattet.

Eine weitere Möglichkeit, euch den Druck zu nehmen, ist, gar nicht erst anzufangen eure Bucket List mit denen anderer Paare zu vergleichen. Gerade die Suche auf Instagram nach Hashtags wie #bucketlist, #bucketlistcouple, #couplegoals oder #bucketlistadventures kann die eigenen Abenteuer klein erscheinen lassen. Was ist schon ein Sonnenuntergang auf Tahiti verglichen mit einer Tandemfahrt an der mecklenburgischen Seenplatte? Auch Bucket List-Portale wie bucketlist.org und bucketlist.net sind mit ihren Likes und Punktesystemen in dieser Hinsicht nicht gerade förderlich. Ich weiß, es ist leichter gesagt als getan, aber seht solche Plattformen allerhöchstens als Inspirationsquelle an. Ihr habt euch eure persönliche, ganz individuelle Bucket List erstellt, was soll da der Vergleich?

Ich kann verstehen, wenn eine Bucket List nichts für euch ist. Da ihr euch aber dieses Buch gekauft habt, werdet ihr die Idee einer Bucket List zumindest nicht völlig plemplem finden. Lasst es auf einen Versuch ankommen und gebt der Bucket List eine faire Chance, auch wenn ihr eure Zweifel hegt. Im Anschluss könnt ihr dieses Buch immer noch entsorgen oder weiterverschenken.

Inspirierende Zitate

Es gibt viele verschiedene Wege, sich inspirieren und motivieren zu lassen. Vielleicht hilft euch eines oder mehrere der folgenden Zitate, die richtige Richtung einzuschlagen und eure Ziele zu erreichen.

Anfangen

„Ohne Aktion bleibt eine Vision für immer Illusion." – Unbekannt

„Machen ist wie wollen, nur krasser." – Unbekannt

„Ich kann Misserfolge akzeptieren, jeder scheitert mal. Aber was ich nicht akzeptieren kann ist, es gar nicht erst zu versuchen." – Michael Jordan

„Man darf niemals ‚zu spät' sagen. Auch in der Politik ist es niemals zu spät. Es ist immer Zeit für einen neuen Anfang." – Konrad Adenauer

„Sommer ist die Zeit, in der es zu heiß ist, um das zu tun, wozu es im Winter zu kalt war." – Mark Twain

„Eine Reise von 1000 Meilen beginnt mit dem ersten Schritt." – Lai Tse

Durchhalten

„Umso steiniger der Weg, desto wertvoller das Ziel." – Unbekannt

„Schwierige Straßen führen oft zu wunderschönen Zielen." – Unbekannt

„Es gibt mehr Leute, die kapitulieren, als solche, die scheitern." – Henry Ford

Veränderung

„Wenn du dich an alle Regeln hältst, verpasst du den ganzen Spaß." – Audrey Hepburn

„Every man dies. But not every man really lives." – William Wallace

„Das Problem ist, du glaubst, du hast Zeit" – Buddha

„Erlebe jetzt die Geschichten, von denen du später gerne erzählen möchtest." – Unbekannt

„Ich bereue nicht, was ich getan habe, nur das, was ich nicht getan habe." – Coco Chanel

„Wer immer tut, was er schon kann, bleibt immer das, was er schon ist." – Henry Ford

„Es passiert nichts Neues, wenn du jeden Tag, dasselbe tust." – Waldemar Zeiler

Angst

„Wenn man eine Veränderung wirklich möchte, wird der Wille eines Tages größer sein als die Angst." – Unbekannt

„Mutig sein, bedeutet nicht, keine Angst zu haben, sondern es trotzdem zu tun." – Unbekannt

„Tu das, was du am meisten fürchtest, und der Tod der Angst ist sicher." – Mark Twain

Minimalismus

„Collect memories, not things." – Unbekannt

„Je intensiver man lebt, desto deutlicher sieht man, dass die einfachen Dinge, die wahrhaft größten sind." – Mahatma Gandhi

„Der Besitz erzeugt nicht nur Pflichten, er schafft so viele, dass eine Fülle davon Qual ist."- Oscar Wilde

„Wann immer wir etwas kaufen, das wir nicht brauchen, verschwenden wir nicht nur Geld, sondern auch Zeit." - Mokokoma Mokhonoana

„Wenn man dafür lebt, alles zu haben, ist das, was man hat, niemals genug." - Vicki Robin

Erwartungen

„Lebst du schon oder erfüllst du noch Erwartungen" – Unbekannt

„Der Tag, an dem du aufhörst, das Rennen mitzumachen, ist der Tag, an dem du das Rennen gewinnst." - Bob Marley

„Wir leben alle unter dem gleichen Himmel, aber wir haben nicht alle den gleichen Horizont." - Konrad Adenauer

Reisen

„Keiner kommt von einer Reise zurück, wie er gefahren ist." – Graham Green

„Gehe einmal im Jahr irgendwohin, wo du noch nie warst" – Dalai Lama

„Reise veredelt den Geist und räumt mit unseren Vorurteilen auf." – Oscar Wilde

„Reisen ist die Sehnsucht nach dem Leben." – Kurt Tucholsky

„Jede Reise hat ein Ende. Aber die Erinnerung daran ist unvergänglich." – Unbekannt

„Reisen ist, Fantasie gegen Erfahrung zu tauschen." – Unbekannt

„Die Welt ist ein Buch, wer nie reist, sieht nur eine Seite davon." – Augustinus Aurelius

Weiterführende Quellen

bucketlistjourney.net

Annette White hat einen sehr ausführlichen, englischsprachigen Blog über ihre Bucket List. Ihr Fokus liegt zwar etwas auf Reisen, aber ihre lange Bucket List bietet unzählige Inspirationen.

fullylived.com

Tall hat eine beeindruckende Lebensliste von 100 herausfordernden Zielen erstellt, die er innerhalb von 10 Jahren erreicht hat.

Erlebnisanbieter

Prima auch zur Inspiration ☺

Mydays
https://www.mydays.de/

Jochen Schweitzer
https://www.jochen-schweizer.de/

Fun4you
https://www.fun4you.de/

Jollydays
https://jollydays.de/

Die Erlebnisfabrik (Raum Sachsen, Berlin und Brandenburg)
https://www.erlebnisfabrik.de/

Vergleichsportal für Erlebnisgeschenke
http://www.erlebnisgeschenke.de/

Bucket List online erstellen

Auf diesen Plattformen, könnt ihr euch eine Online-Bucket-List erstellen und mit einer Community in Austausch treten.
https://www.bucketlist.net/
https://www.bucketlist.org/
https://www.woovly.com/

Reisen

Wwoof (Willing workers on organic farms)
https://wwoof.net/

Couchsurfing
https://www.couchsurfing.com/

Blindbooking
z. B. bei Eurowings https://www.eurowings.com/skysales/BlindBooking.aspx?culture=de-DE

Deutscher Wellnessverband
Geprüfte und zertifizierte Wellnesshotels & Spas
https://www.wellnessverband.de/

Baumhaushotels
https://www.baumhaushotels.eu/

Übernachten im Strandkorb
https://www.nordseetourismus.de/schlafstrandkoerbe

Glamping
https://glamping.info/

Orient Express / Bahn-Nostalgiereisen
https://www.bahn-nostalgiereisen.com/

Romantikstraße Österreich
https://www.romantikstrasse.at/

Elbe-Radweg Straße der Romantik
https://www.elberadweg.de/

Sportliche Events

Mammutmarsch
https://mammutmarsch.de/

Megamarsch
https://www.megamarsch.de/

24h Trophy
https://24h-trophy.de/

Tough Mudder
https://toughmudder.de/

The Color Run
https://thecolorrun.de/

Color Obstacle Rush
https://colorobstaclerush.de/

Übersicht Laufevents in Deutschland
https://www.runnersworld.de/laufevents/

Bootcamp
https://www.original-bootcamp.com/

Schwimmabzeichen
https://www.dlrg.de/

Draußen

Komoot (Routenplanung und Navigation)
Wanderungen, Radtouren, Mountainbike-Touren, Joggingstrecken
https://www.komoot.de/

Outdooractive
Reiseführer und Tourenplanung
https://www.outdooractive.com/de/

Mikroabenteuer
Foerster, Christo (2019): *Mikroabenteuer. Raus und machen! Einfach gute Outdoor-Erlebnisse vor der Haustür. Ideen, Ausrüstung, Motivation.* Heidelberg (HarperCollins).

Humphreys, Alastair (2014): *Microadventures: Local Discoveries for Great Escapes.* London (HarperCollins UK).

Eberhard, Frank (2020): Mikroabenteuer Berge. 40 Ideen. Einfach. Machen. Ohne viel Aufwand das Abenteuer in den Bergen erleben. (Bruckmann Verlag).

Ekelund, Torbjørn (2016): Im Wald. Kleine Fluchten für das ganze Jahr. München (Piper ebooks).

Sebastian Canaves (2020): *Die coolsten Mikroabenteuer Deutschlands: Über 100 Ideen für unvergessliche Erlebnisse fern vom Alltag.* (NYA Company).

Ehrenamt & Gute Tat

Freiwilligendatenbank der Aktion Mensch
http://www.aktion-mensch.de/freiwillig/

Betterplace.org
Hilfsprojekte, Ehrenamt und Spendenaktionen
https://www.betterplace.org

Random Acts of Kindness
https://www.randomactsofkindness.org/

Blut spenden
https://www.drk-blutspende.de/
https://www.blutspende.de/

Stammzellenspende
https://www.dkms.de/de

Wünsche erfüllen
https://www.wunschpate.de/
https://www.wunschwisser.de/

Sonstige Erlebnisse

Autokino
Übersicht Autokinos in Deutschland
https://denise-bucketlist.de/autokino-meine-erfahrungen

Running Dinner
https://www.rudirockt.de/de
https://runyourdinner.eu/

Krimidinner
Veranstaltungen:
https://www.krimidinner.de/

Krimidinner zu Hause:
https://www.culinario-mortale.de/
http://meinkrimidinner.com/

Heimwerkerkurse
https://www.obi.de/baumarkt/services/markt-services/praxiskurse/

https://www.hornbach.de/cms/de/de/mein_hornbach/mein_markt/veranstaltungen/veranstaltungen_listing.html

https://www.diy-academy.eu/

(Nur für Frauen)
Bauhaus Womens Night: https://www.bauhaus.info/service/veranstaltungen/womens-week/termine

Mundraub
https://mundraub.org/

Blobbing
http://blob-tour.de/

Private Wellness-Suiten
https://mywellness.de/
https://www.wellnest.me/

Holi Festival

https://www.holifestival.com/de/
https://www.holi-farbrausch.de/

Tickets TV-Shows

https://tvtickets.de/
https://brainpool-tickets.de/
https://tickets.endemolshine.de/

Heinz Erhard-Dinner

https://www.heinzerhardtabend.de/

Gratis-Bucket-List zum Ausfüllen

Die untenstehende Bucket List und weitere Bucket Lists zum Herunterladen und ausdrucken, findet ihr auf https://denise-bucketlist.de/bucket-list-vorlage.

Danksagung

Für meinen Schatz

Ohne dich wäre dieses Buch sicher nie zustande gekommen. Nicht, weil du mir beim Schreiben unter die Arme gegriffen hast. Im Gegenteil: Du hast mich nicht angesprochen und sogar das Haus verlassen, wenn ich mal wieder absolute Ruhe zum Schreiben brauchte. Aber das meinte ich gar nicht. Schon viel früher hast du mich darin bestärkt, nicht nur eine Bucket List zu schreiben, sondern auch darin, den dazugehörigen Blog zu starten. Ohne deine Bereitschaft, spontan am Erdbeerfeld zu halten, obwohl du dich auf Subway gefreut hast, oder mit mir zu golfen, obwohl du Golfen spießig findest, würden so einige Punkte immer noch auf meiner Bucket List stehen. In den letzten Jahren haben wir uns den Traum einer USA-Rundreise erfüllt, einen Baby-Wal im Ozean beim Springen zugesehen, sind mit Alpakas gewandert, haben den Preikestolen und den Brocken erklommen und so viel mehr. Ich freue mich darauf, was wir künftig als Ehepaar noch alles erleben werden und bin mir sicher, dass wir in 50 Jahren in unserem Videospiele-Café sitzen und auf ein Leben ohne Reue zurückblicken werden.

Gestalte mit uns!

Werde Remote Club Member, nimm Einfluss auf unsere zukünftigen Bücher und profitiere von exklusiven Member Vorteilen.

SCAN ME

 Nimm an **Umfragen zu Titeln & Covern** teil und gestalte unsere Bücher aktiv mit

 Zugang zu **exklusiven Vorbestellungen** und vorzeitiger Lieferung vor Verkaufsstart

 Erfahre **als erstes** von neuen Büchern und erhalte Einblicke hinter die Kulissen

 ..und vieles mehr!

Printed in Poland
by Amazon Fulfillment
Poland Sp. z o.o., Wrocław